PORT DE BOULOGNE-SUR-MER

CONSTRUCTION

DE

L'ÉCLUSE A SAS ET DU NOUVEAU QUAI BONAPARTE

Adjudication du 10 Septembre 1859

REQUÊTE

ADRESSÉE AU CONSEIL DE PRÉFECTURE DU PAS-DE-CALAIS

POUR

MM. F. GODBARGE, L. LESCA & J.-G. PECCADEAU

ENTREPRENEURS DE TRAVAUX PUBLICS

DOMICILIÉS A BORDEAUX, RUE DU PALAIS-GALLIEN, 82

CONTRE

L'ADMINISTRATION DES PONTS ET CHAUSSÉES

dont le siége est à Paris

AU MINISTÈRE DE L'AGRICULTURE, DU COMMERCE ET DES TRAVAUX PUBLICS.

BORDEAUX

IMPRIMERIE ET LIBRAIRIE MAISON LAFARGUE :

L. CODERC, F. DEGRÉTEAU ET J. POUJOL, SUCCESSEURS

RUE DU PAS-SAINT-GEORGES, 28

1863

PORT DE BOULOGNE-SUR-MER

CONSTRUCTION

DE

L'ÉCLUSE A SAS ET DU NOUVEAU QUAI BONAPARTE

Adjudication du 10 Septembre 1859

REQUÊTE

ADRESSÉE AU CONSEIL DE PRÉFECTURE DU PAS-DE-CALAIS

POUR

MM. F. GODBARGE, L. LESCA & J.-G. PECCADEAU

ENTREPRENEURS DE TRAVAUX PUBLICS

DOMICILIÉS A BORDEAUX, RUE DU PALAIS-GALLIEN, 82

CONTRE

L'ADMINISTRATION DES PONTS ET CHAUSSÉES

dont le siége est à Paris

AU MINISTÈRE DE L'AGRICULTURE, DU COMMERCE ET DES TRAVAUX PUBLICS.

BORDEAUX

IMPRIMERIE ET LIBRAIRIE MAISON LAFARGUE :

L. CODERC, F. DEGRÉTEAU ET J. POUJOL, SUCCESSEURS

RUE DU PAS-SAINT-GEORGES, 28

1863

Bordeaux. — Imprimerie de F. DEGRÉTEAU et Cⁱᵉ.

REQUÊTE

INTRODUCTIVE D'INSTANCE

POUR

MM. GODBARGE François, LESCA Léon et PECCADEAU Joseph-Gaston

ENTREPRENEURS DE TRAVAUX PUBLICS

DOMICILIÉS A BORDEAUX, RUE DU PALAIS-GALLIEN, 82

CONTRE

L'ADMINISTRATION DES PONTS ET CHAUSSÉES

dont le siége est à Paris

AU MINISTÈRE DE L'AGRICULTURE, DU COMMERCE ET DES TRAVAUX PUBLICS.

Boulogne-sur-Mer, le   Novembre 1865.

A Messieurs les Président et Membres du Conseil de Préfecture du département du Pas-de-Calais.

Messieurs,

L'article 4 de la loi du 28 Pluviôse an VIII contient les dispositions ci-dessous :

« Le conseil de Préfecture prononcera sur les difficultés qui pourraient s'élever entre les entrepreneurs de travaux publics et l'Administration, concernant le sens et l'exécution des clauses de leurs marchés. »

C'est donc en vertu de ces dispositions de la loi que nous allons soumettre à votre juridiction les difficultés qui se sont produites, entre l'Administration et nous, dans les circonstances suivantes :

FAITS

Le 10 Septembre 1859, nous avons été déclarés adjudicataires des travaux de construction de l'écluse à sas et du nouveau quai Bonaparte, à Boulogne-sur-Mer, moyennant un rabais de huit pour cent sur les prix du bordereau et sous l'obligation expresse de nous conformer ponctuellement aux charges, clauses et conditions générales imposées aux entrepreneurs de travaux publics, ainsi qu'à celles qui étaient relatives et spéciales à cette entreprise et de ne pouvoir céder notre marché, ni avoir de sous-traitants pour l'exécution des travaux, sous peine d'une réadjudication à notre folle enchère.

Le procès-verbal de cette adjudication constatait, en outre, qu'avant qu'elle fût prononcée, M. l'Ingénieur en chef du Service maritime avait fait observer que *toutes les matières seraient dosées au volume et non au poids*, et que tous les concurrents avaient adhéré à cette modification du devis.

Enfin, le même procès-verbal spécifiait que l'ajdudication ne serait valable que lorsqu'elle aurait été approuvée par Son Excellence M. le Ministre de l'Agriculture, du Commerce et des Travaux Publics.

Dès que l'adjudication précitée fut devenue définitive par l'approbation ministérielle à laquelle elle était subordonnée, nous reçumes l'ordre de mettre la main à l'œuvre.

Nous obtempérâmes à cet ordre avec tout l'empressement possible.

Depuis cette époque, Messieurs, nous n'avons même jamais cessé d'imprimer à nos travaux toute l'activité qu'ils pouvaient comporter, en nous attachant, avec le plus grand soin, à satisfaire en tous points aux prescriptions de notre marché et aux ordres émanant de MM. les Ingénieurs préposés à la haute direction des ouvrages.

Mais, pendant l'exécution, ces prescriptions et ces ordres ont donné lieu à des difficultés assez nombreuses.

Celles-ci ont été soumises à l'attention de M. l'Ingénieur des travaux, au fur et à mesure qu'elles se sont produites; plusieurs d'entr'elles ont été ensuite résolues par M. l'Ingénieur en chef du service maritime; d'autres, au contraire, sont demeurées en litige, soit parce que MM. les Ingénieurs n'ont point partagé, à leur égard, l'avis des entrepreneurs, soit parce qu'ils ne se sont pas crus autorisés à les trancher ou parce qu'ils ont reconnu qu'elles ne peuvent l'être que par la voie contentieuse.

Dans ce dernier nombre, se trouve celle qui a motivé notre requête en date du 8 Décembre 1861, dont vous avez été régulièrement saisis; mais, qui sera reproduite ci-dessous, sous le 6ᵉ chef, avec l'assentiment de M. l'Ingénieur en chef lui-même, afin que l'entreprise ne donne lieu qu'à un seul et unique débat contentieux.

Nous n'entrerons point ici, Messieurs, dans le détail des faits qui se rattachent aux diverses difficultés faisant l'objet de la présente requête introductive d'instance; nous ne produirons point ici, non plus, les nombreuses correspondances qui ont été échangées, à l'occasion desdites difficultés, entre MM. les Ingénieurs et nous. Nous avons pensé que ce détail et nos correspondances trouveront leur place naturelle dans l'exposition et la discussion de chacun des chefs qui vont suivre.

Nous nous bornerons donc à déclarer que nous venons, conformément aux dispositions de la loi du 28 Pluviôse an VIII et de l'article 42 des clauses et conditions générales auxquelles se réfère le devis de notre entreprise, demander au Conseil de Préfecture, statuant au contentieux, l'interprétation et l'application des clauses de notre marché, en ce qui concerne les diverses difficultés auxquelles nos travaux ont donné lieu; c'est-à-dire : la justice qui nous est légitimement due, aux termes du droit et de la jurisprudence qui régissent les travaux publics.

Et c'est dans ce but que nous allons avoir l'honneur, Messieurs, d'exposer et de discuter ci-dessous les Neuf Chefs de réclamations qui résultent desdites difficultés.

DISCUSSION

1ᵉʳ CHEF. — *Remblais derrière les maçonneries du mur du quai Bonaparte et reprise d'une partie de ces remblais, avec transport à la brouette, à raison de l'éboulement existant alors entre ledit mur de quai et le bureau de l'Administration.*

Le mode d'exécution des remblais dont il s'agit a été tout spécialement indiqué par l'article 46 du devis de notre entreprise dans lequel se trouvent les stipulations que nous allons reproduire ci-dessous :

« Les remblais du quai Bonaparte et ceux qui seront nécessaires à la fer-
» meture de l'entrée de la Crique semi-circulaire (bâtardeau) proviendront
» des déblais de l'écluse et du creusement même du bassin. »

« . . . . »

« Les transports des remblais auront lieu à la brouette; mais, si l'Admi-
» nistration jugeait devoir prescrire un autre moyen de transport, l'entrepre-
» neur serait tenu de l'accepter sans pouvoir réclamer de dommages pour
» manque à gagner, etc. Les nouveaux prix seraient d'ailleurs fixés confor-
» mément à l'article 22 des clauses et conditions générales. »

Telles étaient les dispositions du contrat, en ce qui concerne les remblais.

Mais, en cours d'exécution, ces dispositions n'ont pas été exactement
suivies.

En voici les motifs :

Au moment où l'Administration prescrivit l'exécution des remblais dont il
s'agit, Juin et Juillet 1860, les déblais du bassin n'étaient pas commencés et,
d'ailleurs, leur partie supérieure ne se composait que de dépôts vaseux qui
auraient été tout-à-fait nuisibles pour les maçonneries du mur de quai.
L'Administration reconnut donc alors qu'il était absolument nécessaire d'effectuer lesdits remblais avec des déblais sablonneux provenant exclusivement des
fouilles de l'écluse.

C'est ce qui a eu lieu.

Mais cette dérogation au devis, qui avait formellement prévu la confection
de ces remblais avec des déblais *provenant et de l'écluse et du bassin*, modifia
profondément la distance du transport qui était portée au détail estimatif, e
qui avait nécessairement été calculée d'après les prévisions du devis.

En effet, le détail estimatif indique que cette distance moyenne avait été sup-
putée à 6 relais de 30 mètres chacun, soit ensemble, à 180 mètres, tandis
qu'elle se trouvait ainsi portée à 850 mètres, ce qui est reconnu par l'Administration elle-même.

Cette distance, Messieurs, nous constitua nous-mêmes dans l'obligation de
renoncer au transport à la brouette qui avait été exclusivement indiqué par
l'article 46 du devis et de lui substituer celui au tombereau.

C'est ce que nous fîmes, de notre plein gré et volonté, au vu et au su de l'Administration, sans aucun ordre de sa part comme aussi sans aucune observation ni réserve quelconques qui pussent faire croire qu'elle viendrait, ultérieurement, nous imposer, pour la rémunération de cette partie de nos travaux, un prix déterminé par elle seule et tout-à-fait hors de proportion avec nos dépenses réelles.

Au contraire, pendant l'exécution des remblais dont il s'agit, dont le cube total s'est élevé à 4844^m 24 ; c'est-à-dire : dans les états de situation qu'elle dressa à la fin des mois de Juin et Juillet 1860, l'Administration nous tint compte du prix de 1^f 11^c qui figure à notre détail estimatif par application des numéros 6 et 14 de notre bordereau des prix et qui comprend, ainsi que l'on peut s'en convaincre en se reportant à ces prix n° 6 et 14, la reprise, la charge et le transport des remblais à six relais de brouette.

Mais plus tard elle nous reprit ce qu'elle nous avait accordé pendant l'exécution de cette partie de nos ouvrages.

En effet, lorsqu'elle soumit à notre acceptation, le 13 Février 1862, les décomptes des années 1860 et 1861, nous reconnûmes qu'elle ne nous comptait plus qu'à raison de 0^f 225 le mètre cube seulement, les mêmes remblais qu'elle nous avait comptés à raison de 1^f 11^c, conformément à notre devis et à notre détail estimatif, dans les situations des mois de Juin et Juillet 1860.

Nous avons immédiatement réclamé, 21 Février 1862, contre cette manière d'agir et, de plus, nous avons, en même temps, renouvelé la demande que nous avions déjà faite du paiement de la reprise et du transport à un demi-relai de 1545^m 08^c cubes des mêmes remblais qui avaient dû être exécutés par nous par suite de l'éboulement existant alors dans les talus de l'ancien terre-plein du quai Bonaparte, au droit du bureau de l'Administration, éboulement qui avait rendu tout-à-fait impossible pour les tombereaux l'accès de la décharge de ces 1545^m 08^c cubes.

M. l'Ingénieur des travaux nous répondit le 1er Mars suivant :

I. Qu'il n'existait pas dans le bordereau, pour les remblais du quai Bonaparte, de prix prévu égal à 1^f 11^c ; que ce prix avait été compté à 1^f 11^c dans le détail estimatif parce que l'on avait supposé que les remblais proviendraient, en totalité, du creusement même du bassin et que la distance moyenne des transports serait de six relais, mais que le détail estimatif n'était pas une pièce du contrat d'où il suivait que les évaluations qui y étaient portées ne faisaient pas loi.

Nous n'avons pu, Messieurs, partager entièrement cette manière de voir. En effet, le devis dit expressément, article 46, comme vous l'avez vu ci-dessus, que, « *les remblais du quai Bonaparte proviendront des déblais de l'écluse et du creusement même du bassin.* » Et s'il est vrai que le détail estimatif ne soit pas une pièce du contrat, il n'en est pas moins vrai que les indications qu'il contient sont le complément du devis, et qu'elles doivent nécessairement servir, au besoin, à en expliquer le sens et à en faciliter l'interprétation.

Nous soutenons donc, contrairement aux dires de M. l'Ingénieur des travaux, que le devis indiquait, pour les remblais du mur de quai, *l'emploi simultané des déblais de l'écluse et du bassin,* et non *l'emploi exclusif de ceux du bassin,* et nous soutenons également que c'est à raison de cette disposition du devis que le détail estimatif portait une distance moyenne de six relais de brouette.

M. l'Ingénieur des travaux a ajouté :

« Le remblai ne peut donc vous être payé que d'après les mains-d'œuvre
» effectives auxquelles il a donné lieu. Or, vous avez fait ce remblai au
» moyen de sable provenant de vos fouilles de l'écluse, au-dessus des ma-
» rées moyennes, dans le voisinage du bâtardeau d'amont et ce sable a été
» transporté, par le pourtour du bassin, en tombereaux à deux chevaux. Il
» vous est donc dû, pour ce travail :

» = Fouille et charge au-dessus des marées moyennes, prix
» n° 13 du bordereau. 0, 21ᶜ

» = Transport au tombereau à deux chevaux à 850ᵐ de dis-
» tance moyenne, prix n° 2 dudit bordereau 0, 95ᶜ

» = Reprise et jet de pelle pour remblai, prix n° 13. . . . . . 0, 21ᶜ

Total. 1ᶠ 37ᶜ

» Or, ce que vous avez transporté en remblai n'a pas été déduit du cube
» total des déblais de l'écluse. Vous avez donc reçu, pour ce cube, em-
» ployé en remblais, le prix des déblais de l'écluse, comme si ce cube eût
» été transporté sur la dune, savoir :

= » Fouille et charge, prix n° 13 . . . . 0ᶠ 210

= » Transport au wagon, prix n° 3. . . . . 0, 935

Total. 1ᶠ 145

» Je ne dois donc vous payer, sur les fonds du quai Bonaparte,

» que la différence entre. 1ᶠ 370

» et. 1ᶠ 145

» soit : 0, 225

» Vous voyez, qu'en définitive, vous avez reçu en totalité, pour le cube
» dont il s'agit, 1ᶠ 37ᶜ par mètre cube. Que signifie donc votre demande de
» le voir compter à. 1ᶠ 11ᶜ

» Auriez-vous la prétention que ce même cube vous fût payé deux fois :
» d'abord, à l'écluse, au prix de 1ᶠ 145ᶜ, comme s'il eût été porté sur la
» dune; puis au quai Bonaparte, au prix de 1ᶠ 11ᶜ? Je ne le suppose pas
» et ne puis expliquer votre réclamation que par une inadvertance. »

Nous répondrons à ce qui précède, Messieurs, en vous priant de remarquer que l'Administration ne pourrait être fondée, dans le cas dont il s'agit,
à nous payer d'après nos mains-d'œuvre effectives que si elle avait elle-
même ordonné ces mains-d'œuvre. L'article 46 du devis est très-formel à
cet égard.

Or, l'Administration n'ayant jamais ordonné l'emploi du tombereau pour
les transports du remblai du quai Bonaparte, et le devis ayant exclusivement prévu, pour ces transports, l'usage de la brouette, ces transports doivent nécessairement nous être payés comme si nous les avions réellement
exécutés à la brouette.

C'est ce que nous avons le droit de demander ; c'est même ce que nous
aurions formellement demandé dès le principe, si l'Administration ne nous
avait pas alors spontanément alloué, pour ces remblais, les deux prix qu'elle
refuse aujourd'hui, soit : 1ᶠ 11ᶜ + 1ᶠ 37ᶜ = ... 2ᶠ 48ᶜ
et si, en outre, nous n'avions pas eu l'espoir qu'elle nous accorderait un
supplément de prix de 0ᶠ 21ᶜ + 0ᶠ 06ᶜ = 0ᶠ 27ᶜ pour chacun des 1545ᵐ
08ᶜ cubes de remblais qui n'ont pu être déchargés directement dans l'excavation, par suite de l'éboulement mentionné ci-dessus.

Mais, puisque l'Administration croit devoir revenir sur des prix fixés par le devis et détail estimatif, prix qu'elle avait alloués, elle-même, *proprio motu*, lors de l'exécution des remblais qui font l'objet de ce chef de nos réclamations, nous demandons expressément aujourd'hui qu'il nous soit fait application des dispositions du contrat.

Or, le contrat disposant, article 46 du devis, que les transports des remblais auront lieu à la brouette, à moins que l'Administration ne juge devoir prescrire un autre moyen, et l'Administration n'ayant jamais prescrit d'autre moyen que celui indiqué par le devis, nous devons nécessairement être payés comme si nous avions exclusivement employé le moyen prévu, bien que notre industrie nous en ait suggéré un autre auquel nous avons eu recours à nos risques et périls.

Tel est le droit que nous confère notre contrat, tel est le droit que nous réclamons devant votre juridiction.

Et, si nous en faisons l'application à cette partie de nos travaux en suivant l'ordre d'évaluation suivi par M. l'Ingénieur lui-même, nous trouvons qu'il nous revient légalement, pour ces remblais :

1° Fouille et charge au-dessus des marées moyennes, prix n° 13 du Bordereau 0 210

2° Transport en brouette à 850^m de distance moyenne, soit à 28 relais 1/3, à raison de 0^f 115 l'un, prix n° 5 du même bordereau . . . . 3^f 257

3° Reprise et jet de pelle pour remblai, prix n° 13. . . . . . . 0^f 210

Total . . . . . . 3^f 677

D'où déduisant ce qui est compté au chapitre de l'écluse. . . 1^f 145

Reste à nous compter. . . 2^f 532

qui, appliqués aux 4,844. 24^c cubes de remblais par nous exécutés, produisent une somme de . . . . 12,255^f 93

Notre demande, Messieurs, est d'ailleurs de toute justice ; car, de même que l'Administration ne saurait être admise à nous refuser le prix du transport en wagons remorqués par des chevaux qui était prévu à notre devis,

bien que nous ayons exécuté ce transport au moyen de wagons mis en mouvement par une locomobile, de même elle ne saurait être admise à ne pas
nous payer les transports à la brouette exclusivement prévus au devis, bien
que nous les ayons en partie exécutés au moyen de tombereaux attelés de
chevaux.

Dans l'un et l'autre cas, nous avons changé le mode d'exécution à nos risques et périls, au vu et au su de l'Administration qui n'a fait aucune re-
montrance, qui ne s'y est nullement opposée et qui, conséquemment, y a
parfaitement adhéré.

Et d'ailleurs, Messieurs, en admettant que l'Administration pourrait être
fondée, malgré les termes si précis de l'article 46 du devis, à nous payer nos
transports d'après le mode que nous avons adopté à nos risques et périls,
bien qu'elle reconnaisse expressément, qu'en cours d'exécution, ce n'est
point elle qui a ordonné de changer le mode indiqué au devis, il est pour
nous de la dernière évidence qu'elle ne saurait être admise, comme elle le
prétend, à nous payer nos transports aux tombereaux d'après le prix n° 2
du bordereau.

En effet, le devis, article 46. a formellement stipulé que le transport des
remblais aurait lieu *à la brouette*, d'où il suit incontestablement que le prix
n° 2 du bordereau ne saurait être appliqué à ces transports.

Il faut bien reconnaître, d'ailleurs, que ce prix n° 2, n'est applicable
qu'aux transports en plaine pour de longues distances et sur des routes via-
bles et entretenues comme telles, tandis que les transports dont il s'agit ont
été effectués au moyen de rampes de plus de 0, 05 par mètre, pour une pe-
tite distance (850^m) et sur des sables mouvants, d'où il résulte nécessairement que, pour obtenir le prix à nous appliquer légitimement dans l'espèce,
il est indispensable de modifier tous les éléments de la formule $x = \dfrac{P(2D+a)}{I \times C}$
qui a servi de base à l'évaluation du prix n° 2.

Ce qui le prouve, c'est que :

1° D'après cette formule, le cube du chargement *C,* est supputé à 1^m,
tandis que ce cube n'a jamais dépassé 0, 60^c par suite des rampes à franchir
et de la mobilité du sol.

2° D'après cette même formule, le parcours journalier I, est supputé à
25,000 mètres, tandis que ce parcours n'a jamais pu dépasser 16,000^m par
les mêmes motifs.

2

3° D'après la même formule encore, la distance a, répondant au temps du chargement et du déchargement, est de 1,200ᵐ, tandis qu'elle n'a été réellement que de 700ᵐ, toujours par les mêmes motifs.

Enfin, ce qui démontre encore que, dans aucun cas, l'Administration ne saurait être admise, comme elle le prétend, à nous payer les transports des remblais au tombereau d'après le prix n° 2 du bordereau, c'est que l'article 46 du devis dispose formellement que dans le cas où elle aurait, *elle-même* modifié en ce point les prévisions du contrat, *les nouveaux prix à nous revenir seraient fixés conformément à l'article 22 des clauses et conditions générales*.

Nous repoussons donc les nouvelles bases de prix qui nous ont été offertes par M. l'Ingénieur des travaux.

Veuillez d'ailleurs, considérer, Messieurs, que l'argumentation de M. l'Ingénieur, consistant à dire que nous voulons nous faire payer deux fois le même travail n'est, en réalité, qu'un argument tout à fait spécieux.

En effet, le prix n° 3 du bordereau applicable au transport des déblais de l'écluse sur la dune, comprend l'acquisition et l'entretien d'un matériel qui a nécessité une dépense de plus de 100,000 fr. Dès-lors donc, que l'Administration a fait employer une partie de ces déblais sur d'autres points, elle ne peut être libre de nous allouer, pour ces nouveaux transports, un prix à sa convenance et dans lequel elle ne tient même aucun compte de l'énorme dépense ci-dessus qu'elle a ainsi rendue, par son fait, en partie inutile et improductive.

Nos machines installées, nos voies placées, nos wagons en marche, que nous aurait d'ailleurs coûté de temps le montage des déblais sur la dune ?

Or, il a fallu renoncer à ce montage qui serait venu couvrir une partie de nos dépenses pour employer des chevaux et tombereaux au transport de déblais qu'il fallait charger au fond d'une excavation ayant plus de 8 mètres de profondeur moyenne, excavation dont on ne pouvait sortir qu'en suivant une rampe creusée dans un terrain éminemment sablonneux, où les tombereaux s'enfonçaient jusqu'aux moyeux dès qu'ils étaient à demi-chargés.

II. — En ce qui concerne l'éboulement qui existait devant le bureau de l'Administration et qui rendait l'accès de la décharge impossible pour nos tombereaux, à raison de la nature sablonneuse du sol et des remblais eux-mêmes, M. l'Ingénieur des travaux s'est exprimé ainsi :

« Cet éboulement n'a pu gêner l'accès de la décharge qui se finissait en
» tête, les tombereaux circulant sur le remblai déjà fait.

» En vous comptant un jet de pelle pour tout le remblai, je me suis déjà
» tenu fort au-dessus de la réalité, puisqu'une grande partie du chargement
» tombait dans le remblai au moment même du battage. S'il y a eu reprise à la
» brouette, ce n'a pu être, de votre part, qu'une opération destinée à fa-
» ciliter des hardages que je n'ai pas prescrits et qui ne peut vous être
» comptée. »

Nous regrettons vivement, Messieurs, que l'on puisse se borner à nous
opposer de semblables raisons.

A qui persuadera-t-on, en effet, qu'il n'y avait pas impossibilité absolue
à venir décharger directement dans la partie à remblayer lorsqu'on ne peut
nier que les tombereaux devaient nécessairement rouler sur un sable mouvant pour arriver à cette partie?

La décharge n'aurait effectivement pu se faire directement dans le remblai, qu'au moyen de wagons circulant sur une voie ferrée.

Avec des tombereaux, cette décharge ne pouvait, au contraire, être effectuée sans la reprise et le transport à la brouette, à un demi-relai d'une
certaine quantité des remblais.

Et, c'est ce qui a eu lieu et ce qui ne peut être nié.

Que M. l'Ingénieur se borne donc à dire qu'il n'a point ordonné cette reprise et ce transport, nous reconnaîtrons qu'il est dans la vérité; qu'il en
déduise toutes les conséquences de droit qui lui paraîtront en découler,
nous ne pourrons que discuter ses déductions en faisant appel à ses sentiments de justice et d'impartialité; mais qu'il ne cherche pas, en niant la vérité des faits, à réduire, autant que possible, le prix qui nous est dû pour
des transports que nous avons dû exécuter dans des conditions très-onéreuses
et en laissant forcément chômer un matériel d'un prix excessivement élevé
et spécialement acquis pour les transports des mêmes déblais.

2e CHEF. — *Apports de la mer dans les fouilles de fondations du nouveau quai Bonaparte , par suite de l'action successive des marées ordinaires , des marées de mortes eaux et des chasses effectuées par l'Administration pour le dévasement du port.*

Pendant que nous exécutions les travaux de fondations du mur du nouveau quai Bonaparte, dans la première partie de ce mur, celle située vis-à-vis de la passe de l'ancien bassin de radoub, ayant une longueur de 106m 49c, nous avons souvent entretenu verbalement M. l'Ingénieur des travaux des ouvrages imprévus que nous occasionnaient les apports de la mer dans les fouilles desdites fondations.

Mais, comme ces entretiens n'étaient suivis d'aucun résultat, nous avons eu l'honneur de lui écrire, à la date du 4 avril 1861, pour lui exposer qu'il résultait d'attachements, tenus par nous avec la plus scrupuleuse exactitude, que le cube des apports de la mer, dans les circonstances ci-dessus, s'était élevé, depuis le jour où les ouvrages avaient été commencés jusqu'à celui du 1er Mars 1861, à 2,800m en sus de ce qui nous avait été porté en situation.

Nous ajoutions :

« Depuis que nos barques et radeaux sont occupés à l'enlèvement des dé-
» blais de la partie aval, nous constatons que le chargement de chaque bateau
» se compose de moitié de vase déposée par la marée dans les irrégularités du
» terrain naturel, vase qu'il faut enlever à la pelle de bois.

» Ce que nous vous signalons, Monsieur l'Ingénieur, pour la partie aval,
» sur une longueur de plus de 200m, a une importance plus considérable pour
» les fouilles pratiquées à l'aide des épuisements, au-dessus du niveau des files
» de pieux. Ces fouilles, dont la profondeur présente une chute de 2m enclavée
» par des terrains mobiles, reçoivent à chaque marée des dépôts de vase et
» de sable qu'il est facile d'apprécier.

» Nous mentionnons également ici les nombreux dépôts provoqués par les
» chasses qui ont pour effet régulier de recombler en partie les fouilles d'une
» certaine profondeur........... »

M. l'Ingénieur des travaux a répondu, le 6 du même mois, à notre réclamation ci-dessus.

Voici cette réponse :

« En ce qui concerne le premier point, il me paraît impossible de vous
» donner satisfaction. *Vous m'avez, il est vrai, entretenu du surcroît de travail*
» *que vous occasionnait l'enlèvement des apports dans les fouilles* ; mais vous
» n'avez jamais ni réclamé officiellement, ni demandé à faire constater sur les
» lieux les cubes supplémentaires. Du reste, l'article 45 du devis porte que
» les métrages des déblais se feront sur profils levés contradictoirement *avant*
» *ou après l'exécution des fouilles ou excavations.* Je ne pouvais donc avoir à
» faire des constatations intermédiaires, pour des excédants de déblais, que
» dans des cas de force majeure et, alors, vous retombez sous le coup de
» l'application de l'article 26 des clauses et conditions générales qui fixe à dix
» jours le délai dans lequel peut être réclamée la constatation des accidents
» de cette nature........ »

» En ce qui concerne l'avenir, je suis tout prêt à faire faire les constata-
» tions que vous désirez, pour servir de base aux réclamations que vous
» croirez devoir produire........ »

Nous avons immédiatement répliqué à cette lettre par celle que nous avons
écrite à M. l'Ingénieur des travaux, sous la date du 10 avril 1861, et dans
laquelle nous nous exprimions comme suit :

« Par votre lettre en date du 6 avril courant, et en réponse à la nôtre du
» 4, concernant les déblais supplémentaires que nous avons exécutés dans
» les fouilles du quai, par suite du rapport des marées et des chasses, vous
» nous dites qu'il vous paraît impossible de nous donner satisfaction pour les
» déblais exécutés jusqu'à ce jour parce que nous n'avons jamais réclamé
» officiellement ni demandé à faire constater sur les lieux les cubes supplé-
» mentaires.

» Partant de ce principe, vous invoquez l'article 26 des clauses et condi-
» tions générales qui fixe à dix jours le délai dans lequel peut être réclamée
» la constatation des accidents de cette nature, et, par suite, notre réclama-
» tion serait périmée.

» Permettez-nous, Monsieur l'Ingénieur, de ne pas être de votre avis sur
» ce point.

» Vous reconnaissez dans votre lettre précitée *que nous vous avons, il est*
» *vrai, entretenu quelquefois du surcroît de travail que nous occasionnait l'en-*
» *lèvement des rapports dans les fouilles* ; vous auriez pu ajouter que nous

» avons demandé plusieurs fois, toujours verbalement il est vrai, à vous et
» à M. le Conducteur des travaux, des constatations de ce travail imprévu;
» mais que notre demande a toujours été éludée.

» Nous nous sommes donc contentés de constater et de réclamer verbale-
» ment jusqu'à ce jour, dans l'espérance qu'il nous serait tenu compte de ce
» travail supplémentaire que vous ne pouvez contester.

» Nous nous attendions d'autant plus à une légitime rémunération de ce
» travail, très-difficile à constater régulièrement, que nous nous sommes
» refusé à signer les carnets d'attachements par suite de l'omission des déblais
» rapportés.

» Nous osons donc espérer, Monsieur l'Ingénieur, que vous serez assez
» équitable pour ne pas persister à vous retrancher derrière l'article 26 des
» clauses et conditions générales, parce que nous ne vous avons adressé que
» verbalement nos premières réclamations.

» Au surplus, nous avons lieu de croire que l'article précité n'est pas ap-
» plicable dans l'espèce, attendu que les cas de force majeure dont il s'agit
» sont permanents. Il y a des rapports à chaque marée, il y en a davantage
» pendant le chômage occasionné par les mortes eaux, et encore plus, par
» l'effet des chasses.

» Nous avons supposé qu'avec ce qui nous reste à exécuter, on pourrait
» faire des expériences qui nous permettraient d'établir, proportionnellement
» et aussi approximativement que possible, les déblais supplémentaires en
» question.

» Dans le cas où vous persisteriez à maintenir l'opinion que vous émettez
» relativement aux déblais supplémentaires déjà exécutés, nous croyons
» devoir faire toutes réserves sur ce point en maintenant la réclamation
» énoncée dans notre lettre du 4 avril concernant les déblais imprévus exé-
» cutés.

» Comme nous avons eu l'honneur de vous le déclarer dans notre précé-
» dente lettre, nous sommes prêts à vous fournir les pièces justificatives
» constatant les quantités de déblais supplémentaires que nous avons enlevés
» en sus des prévisions.

» En ce qui concerne les déblais supplémentaires qui restent à exécuter,
» nous prenons acte de vos dispositions équitables et nous nous mettons en
» mesure de les faire constater.

» Cependant, nous ne pouvons passer sous silence l'observation que vous
» nous faites au sujet du mode d'exécution des déblais pour faciliter le battage
» de la file de derrière. Permettez-nous de vous dire, Monsieur l'Ingénieur,
» que les déblais ont été menés conformément à vos indications, du moins
» autant que possible, et que le terrain a été déblayé de façon à permettre
» aux eaux de s'écouler vers l'aval. Mais cette pente est trop peu sensible pour
» que le retrait des eaux entraîne la vase déposée par le flot de marée..... »

Telle fut, Messieurs, la réplique que nous crûmes devoir faire, alors, à la
lettre de M. l'Ingénieur des travaux en date du 6 avril 1861, et, aujourd'hui,
nous persistons à soutenir devant vous que, dès-lors que M. l'Ingénieur a
reconnu que nous lui avons souvent fait, en cours d'œuvre, des réclamations
verbales, à raison du travail imprévu et des dépenses imprévues résultant des
causes ci-dessus, l'Administration ne saurait être admise à nier l'existence et
la valeur de ces réclamations.

Toute autre manière de raisonner et d'agir nous semblerait souverainement
illégale et injuste, puisqu'il en résulterait que l'Administration, qui a ménagé
au détail estimatif, auquel se réfère notre procès-verbal d'adjudication, une
somme de 70,420ᶠ 28ᶜ pour faire face aux cas imprévus, pourrait être admise
à s'appuyer sur l'omission d'une réclamation écrite pour se dérober au paiement des ouvrages imprévus dont il vient d'être parlé, bien qu'elle ait été mise
à même de les connaître et de les apprécier; puisqu'il en résulterait encore
que, contrairement aux conditions du contrat qui veulent que les quantités
d'ouvrages réellement effectuées nous soient payées au prix dudit détail estimatif, elle pourrait être fondée à ne nous payer qu'une portion de ceux dont
il s'agit.

Quant à l'article 45 du devis, ainsi conçu : « Les métrages des déblais se
» feront sur profils levés contradictoirement avant ou après l'exécution des
» fouilles ou excavations, » il est de la dernière évidence que les dispositions
de cet article ne sauraient être applicables dans l'espèce où il s'agit de déblais
exceptionnels, tout-à-fait imprévus, et pour lesquels il était de toute impossibilité de procéder à des métrages contradictoires, ni avant, ni après l'exécution des fouilles ou excavations.

En cours d'œuvre, ces métrages, en ce qui concerne les déblais imprévus
dont il est question, eussent même été, sinon impossibles, du moins excessivement difficiles et sujets à discussion.

En effet, s'ils eussent été commencés immédiatement après le retrait du flot, ils n'auraient pu être terminés avant son retour, en sorte que le travail des déblais, pendant les marées, eût été complètement paralysé, puisque le fait se serait reproduit à chaque marée.

Pour ce qui est de l'article 26 des clauses et conditions générales, il n'a pu être invoqué par M. l'Ingénieur des travaux que parce qu'il a confondu le travail imprévu qui nous occupe avec les cas de force majeure.

Nous ne saurions trop protester contre cette confusion. Le flux et le reflux de la mer ne seront jamais des cas de force majeure ; ceux-ci ne sont effectivement que les accidents fortuits qu'il est impossible de prévoir ou d'éviter, quelles que soient la science et la prudence de l'homme.

Il ne s'agit donc réellement, dans le cas dont il s'agit, que d'un travail supplémentaire qui n'a point été prévu au devis de notre adjudication, bien qu'il dût être la conséquence obligée de l'action successive des marées et de celle des chasses.

Il y a donc justice à soutenir que ce travail supplémentaire et imprévu doit nous être payé par l'Administration, puisque nous l'avons exécuté : pour une partie, sous la réserve de réclamations verbales adressées à MM. les Ingénieurs, d'après leurs ordres et en leur présence ; enfin, pour une autre partie, sous la réserve de réclamations écrites et de constatations contradictoires.

Postérieurement au 10 Avril 1861, il a été effectivement procédé, pour les deux portions du mur du nouveau quai Bonaparte comprises entre la passe de l'ancien bassin de radoub et l'extrémité du quai, sur une longueur de 288^m 54^c, à des constatations contradictoires ayant pour objet d'établir le cube réel des apports de la mer, à chacune des marées ou des chasses.

Mais ce n'est seulement que sur la quantité des apports produits par les chasses et par les marées de mortes eaux que ces constatations ont pu donner un résultat également accepté et par l'Administration et par nous.

Quant aux marées ordinaires et surtout aux marées de nuit, il a été au contraire tout-à-fait impossible d'arriver à des résultats unanimement acceptés, ce que nous regrettons bien vivement.

Nous avons cependant fait, dans cette circonstance, tout ce qui nous était possible dans le but d'arriver à un résultat commun ; et la preuve, c'est que

nous écrivions en ces termes à M. l'Ingénieur des travaux, à la date du
16 Mai 1861 :

« Nous constatons avec regret que les appréciations contradictoires des
» rapports dans les fouilles, en cours d'exécution, diffèrent sensiblement.
» Malgré la grande difficulté de constater exactement la quantité des rapports
» dans la zône des fouilles épuisées, nous croyons être dans le vrai en éva-
» luant à 5^m cubes au moins, l'importance des rapports de chaque marée que
» nous enlevons par nos œuvres personnelles.

» En conséquence, nous avons l'honneur de vous demander qu'il nous soit
» tenu compte d'une quantité de 5^m cubes de déblai vaseux pour les rapports
» de chaque marée dans la partie des fouilles épuisées ayant moyennement et
» d'une manière permanente 40^m de longueur.

» Dans le cas où vous ne croiriez pas devoir accueillir notre légitime de-
» mande, en nous allouant cette faible quantité, ce qui mettrait un terme à
» des tiraillements regrettables, nous vous prions de faire enlever *en régie*
» lesdits rapports..... »

Notre conduite, Messieurs, était réellement dictée par notre désir d'arriver, sur ce point, à une conciliation; nous étions effectivement pleinement
convaincus que le cube de 5^m en moyenne, par marée, était bien au-dessous
de la réalité et que nous serions en perte; cependant, M. l'Ingénieur nous a
répondu, le 23 Mai 1861, dans les termes qui suivent :

« J'ai l'honneur de vous informer que nous ne pouvons constater, en fait
» de rapports, que la vase provenant des parties extérieures à la fouille. Il
» reste toujours dans les fouilles un résidu de piochage que la mer rentrante
» délaye et transforme en vase et qui ne peut être compté comme rapport.
» De là proviennent, en partie, les tiraillements que je ne regrette pas moins
» que vous.

» Quoi qu'il en soit, je ne puis que continuer, pour l'évaluation des rap-
» ports, le système des constatations contradictoires faites sur votre demande.
» Une évaluation moyenne par marée, alors même qu'elle serait moins évi-
» demment exagérée que celle que vous proposez, me paraît impossible pour
» un fait dû à des circonstances essentiellement variables et imprévues. Quant
» à opérer *en régie* l'enlèvement de ces déblais, je n'ai aucune raison pour le
» faire et vous n'ignorez pas que vous ne pouvez vous refuser à comprendre
» ce travail dans votre entreprise, alors même qu'il serait considéré comme
» imprévu. »

3

Cette réponse n'était aucunement de nature à nous satisfaire.

En effet, tout en reconnaissant que les apports de vases produits par les marées constituaient un fait dû à des circonstances essentiellement variables et imprévues, et tout en déclarant qu'il ne pouvait que continuer le système des constatations contradictoires qui avait été demandé par nous, M. l'Ingénieur ne faisait réellement procéder à ces constatations qu'à de certaines marées, négligeant ainsi les marées intermédiaires et notamment toutes celles de nuit.

Il y avait là une contradiction complète entre les paroles et les actes de M. l'Ingénieur des travaux.

C'est ce que nous avons établi dans la lettre que nous avons eu l'honneur de lui écrire dès le lendemain de la sienne, c'est-à-dire le 24 Mai 1861, et dans laquelle nous avons insisté pour que les constatations eussent lieu, pour chacune des marées, puisque l'Administration ne voulait pas absolument adopter le système des moyennes, malgré que le résultat des constatations déjà faites rendît ce moyen préférable à tous autres.

Mais alors, M. l'Ingénieur se borna à nous répondre que les constatations ne pouvaient évidemment se faire que lorsque nous les demandions et que ce n'était pas à lui à prendre l'initiative en pareil cas. Cette lettre était du 30 Mai.

On ne peut réellement comprendre cette réponse. Elle ne peut effectivement se concilier avec les faits qui précèdent.

En cet état, nous prîmes donc la résolution de nous adresser à M. l'Ingénieur en chef, et, après lui avoir exposé, comme ci-dessus, notre réclamation, nous lui avons demandé de nous compter :

1° Le paiement d'un volume de de 2,800ᵐ cubes de rapports dans la première partie du mur (entre pieux et palplanches) conformément à notre lettre précitée du 4 Avril 1861, à 4ᶠ 71ᶜ le mètre cube, ci.. . . . .   13,188ᶠ 00ᶜ

2° Le paiement du volume de 1,104ᵐ 95ᶜ cubes constatés contradictoirement dans les deuxième et troisième parties du mur, par suite des chasses et des marées de mortes eaux, à 4ᶠ 71ᶜ l'un, ci 5,204 31

A reporter. 18,392 31

Report. 18,392 31

3° Enfin, le paiement d'un autre volume de 2,500^m cubes produits également dans les deuxième et troisième parties par cinq cents marées ordinaires, soit de jour, soit de nuit, et calculés à raison de 5^m cubes par marée, à 4^f 71^c l'un, ci. . 11,775 00

Total. . . . . 30,167^f 31^c

M. l'Ingénieur en chef nous répondit à la date du 3 Mars 1863.

Dans cette réponse, il a d'abord soutenu que M. l'Ingénieur des travaux avait parfaitement interprété l'article 45 du devis dont les termes ont été reproduits ci-dessus.

Mais, Messieurs, nous croyons avoir parfaitement établi que cet article n'est aucunement applicable dans l'espèce, puisqu'il n'a évidemment été rédigé que pour les travaux prévus, tandis qu'il s'agit réellement d'ouvrages imprévus, ainsi que le reconnaissent toutes parties.

M. l'Ingénieur en chef a dit ensuite qu'en demandant des constatations contradictoires, à chaque marée, et en reconnaissant que ces constatations étaient bien difficiles, sinon impossibles, nous nous mettions en contradiction.

Il n'y a là évidemment aucune contradiction. C'était même pour mettre un terme aux tiraillements résultant de ces difficultés ou impossibilités que nous avons alors demandé que le résultat des constatations qui avaient pu être faites convenablement, fût calculé de manière à produire la moyenne applicable aux marées pour lesquelles ces mêmes constatations ne pouvaient être faites d'une façon satisfaisante. C'est le calcul dont nous venons de parler qui nous a conduits nous-mêmes à fixer cette moyenne à 5^m cubes par marée.

« D'ailleurs, dit encore M. l'Ingénieur en chef, l'avant-métré et le détail » estimatif du projet, pièces qui ne font pas partie du contrat, mais que l'on » doit consulter lorsqu'il s'agit d'interpréter un article douteux du devis, ne » contiennent que les cubes réels des déblais à enlever d'après les profils des » terrains avant l'exécution du travail et les profils de la fouille terminée. Il » faut en conclure, selon moi, que les apports des marées sont laissés à votre » charge et que les prix du bordereau ont été calculés en conséquence. »

Nous ne saurions admettre une semblable doctrine. Elle nous semble effectivement tout-à-fait contraire à l'équité et à la jurisprudence. A l'équité, car l'Administration doit nous payer les quantités réelles de travaux que nous avons exécutées, quelles que soient celles qui figurent à l'avant-métré et au détail estimatif. A la jurisprudence, car le Conseil d'État a souvent décidé *que le détail estimatif et l'avant-métré ne renferment que des prévisions qui ne peuvent être invoquées comme prouvant l'exécution réelle des ouvrages.* (Voir, notamment, l'arrêt du 30 Juin 1859 [Bernard et Picard]).

M. l'Ingénieur en chef a d'ailleurs parfaitement compris lui-même combien cette doctrine était peu fondée; aussi, s'est-il empressé d'ajouter :

« Je n'aurais cependant pas été éloigné, en vue de réduire autant que pos-
» sible le nombre des chefs de réclamations à soumettre au Conseil de Pré-
» fecture, de proposer à l'Administration supérieure de vous tenir compte,
» dans une certaine mesure, des difficultés du travail, en vous allouant une
» indemnité pour l'apport des marées, mais cette indemnité n'aurait pu re-
» présenter que le dixième ou le cinquième, tout au plus, des dépenses rela-
» tives aux déblais des fouilles; dépenses qui, d'après le détail estimatif, de-
» vaient s'élever à 29,914^f 72^c. Je n'ai pu me mettre d'accord à ce sujet avec
» M. Peccadeau et, du moment où vous paraissez disposés à maintenir,
» à-peu-près intégralement, le chiffre de votre réclamation qui représente
» 100/100, et au-delà, des dépenses prévues, je ne puis songer à adresser
» aucune proposition à l'Administration supérieure. La question doit donc
» être soumise aux tribunaux administratifs. »

Il n'a point été en notre pouvoir, Messieurs, de modérer ou d'exagérer le cube des énormes quantités de déblais vaseux que les marées ont successivement rapporté dans nos fouilles, et, si ces cubes ont atteint réellement une proportion telle que la dépense de leur enlèvement est sensiblement égale ou dépasse même celle qui avait seulement été prévue au détail estimatif, nous ne saurions en demeurer responsables. Cette circonstance ne prouve qu'une chose, c'est que les imprévisions du projet ont été bien grandes sur ce point.

Aussi répéterons-nous qu'il avait été ménagé, au détail estimatif, une somme de 70,420^f 28^c, pour couvrir ces imprévisions.

Enfin, M. l'Ingénieur en chef a terminé sa réponse comme suit :

« Je me bornerai à vous faire observer ici :

» 1° Que la question de fond ayant un caractère essentiellement litigieux,
» M. l'Ingénieur Allard a dû attendre, pour faire les constatations des ap-
» ports des marées, que vous le saisissiez officiellement de votre réclamation.
» Agir autrement, eût été reconnaître à l'avance qu'une indemnité devait
» vous être allouée. Les tribunaux administratifs, au cas où ils vous donne-
» raient gain de cause quant à la question de principe, décideront si les
» constatations non-contradictoires que vous aurez faites pour les premières
» parties du quai, peuvent avoir quelque valeur. C'est un point que je me
» réserve de discuter en temps et lieu. »

» 2° Que sur les 1,104^m 95^c d'apports constatés contradictoirement pour
» la 2e et la 3e partie du quai, 123^m 87^c seulement ont été déposés entre les
» files de pieux et palplanches, à un niveau qui permettrait de leur appliquer
» le prix de 4^f 71^c si, d'ailleurs, il était reconnu que l'enlèvement de ces
» apports sans consistance pût être considéré comme un déblai de terrain
» ancien. »

» 3° Enfin, que le cube de 2,500^m pour l'apport des marées ordinaires,
» paraît singulièrement exagéré et que, d'un autre côté, le prix de 4^f 71^c
» ne saurait être appliqué aux dépôts alluvionnaires dont il s'agit. »

Nous nous bornerons nous-mêmes à répliquer en quelques mots.

1° Nous avons présenté, en cours d'exécution, à M. l'Ingénieur des travaux, des observations et réclamations verbales tendant à obtenir le paiement des déblais supplémentaires dont il s'agit; M. l'Ingénieur des travaux
l'a loyalement reconnu; l'Administration ne saurait donc loyalement se dispenser de nous tenir compte desdits déblais supplémentaires. Ce n'est point
là, d'ailleurs une indemnité que nous avons réclamée; c'est, au contraire,
le prix d'un travail fait auquel il convient d'appliquer le prix du bordereau :
4^f 71^c, (n° 4 et 51.)

2° Les déblais en question ont toujours été exécutés dans l'enceinte des
pieux et palplanches, au-dessous du niveau des basses mers. Le prix à leur
appliquer ne saurait donc être autre que celui du n° 51 du bordereau, attendu que ce prix est unique pour tous les déblais effectués dans ces conditions. Nous eussions bien préféré, d'ailleurs, que ceux-ci fussent de la même
nature que le terrain ancien, car il est évident que leur peu de consistance,
(c'était le plus souvent une vase presque liquide) a rendu la main-d'œuvre
de l'enlèvement et de la charge excessivement dispendieuse.

3° Enfin, le cube de 2,500ᵐ demandé pour les 2ᵉ et 3ᵉ parties du mur n'offre réellement aucune exagération. On peut s'en rendre compte facilement lorsque l'on considère qu'il est le produit de 500 marées, et que le cube moyen de 5ᵐ cubes par marée a été obtenu en prenant, pour base du calcul, le résultat des constatations qui avaient été faites contradictoirement.

D'après ce qui précède, Messieurs, nous maintenons la réclamation de la somme de 30,167ᶠ 31ᶜ que nous venons de formuler et de développer sous ce chef, et nous sollicitons, au besoin, une expertise qui vienne éclairer votre religion, et sur les quantités et sur les prix que nous réclamons.

3ᵐᵉ CHEF. — *Difficultés d'exécution apportées par l'Administration dans l'enlèvement des fouilles du mur du nouveau quai Bonaparte.*

D'après le devis de notre entreprise, article 45, et le détail estimatif qui le complète et auquel se réfère le procès-verbal de notre adjudication, tous les déblais à provenir des fondations du mur du nouveau quai Bonaparte devaient être *piochés, chargés en barque, transportés et déchargés* à la mer, à 500ᵐ dans le nord des jetées de Boulogne, et nous être payés, suivant la classe et la nature, aux prix des nᵒ 4, 7, 8, 9, 10, 11, 12, 13 ou 14 du bordereau.

La charge directe dans les barques supposait nécessairement que celles-ci pourraient être amenées jusque dans les fouilles du mur elles-mêmes, d'où la nécessité d'étendre ces fouilles dans le chenal du port sur toute la largeur nécessaire pour permettre l'accès des dites barques.

C'est ce qui eut lieu dans le principe.

C'était effectivement ainsi que nous comprenions alors et que MM. les Ingénieurs eux-mêmes comprenaient, avec nous, qu'il y avait lieu d'opérer pour satisfaire aux dispositions du projet.

Mais, quelque temps après, le 22 mars 1861, M. l'Ingénieur des travaux nous fit remettre un ordre de service, nᵒ 84, dans lequel il nous invita :

« A faire les déblais de fondations du quai conformément au profil trans-
» versal joint audit ordre de service. »

» A partir de l'extrémité de la fouille actuelle (disait cet ordre), c'est-à-
» dire : du point situé à 60ᵐ au-delà de l'origine de la 2ᵉ partie du quai, tout
» déblai qui serait fait en dehors des limites de ce profil, ne serait plus
» porté en compte aux entrepreneurs. »

Cet ordre de service modifiait profondément toutes les conditions d'exécution résultant de notre marché et pratiquées jusqu'à ce jour dans les
fouilles dont il s'agit ; aussi, dès que nous l'eûmes reçu, nous écrivîmes à
M. l'Ingénieur des travaux, le 25 avril 1861, pour le prier de remarquer
que, « depuis fort longtemps déjà, la fouille était abaissée jusqu'au chenal
» au-dessous de la cote 12ᵐ 78ᶜ sur une largeur de plus de 11ᵐ 50ᶜ. »

« D'un autre côté, ajoutions-nous, nous ne devons pas vous laisser ignorer,
» Monsieur l'Ingénieur, qu'en nous prescrivant des fouilles dans des limites
» très-restreintes et que vous réduisez encore, vous avez rendu impossible
» l'emploi des barques à soupape, c'est-à-dire : le seul moyen, difficile déjà,
» prévu pour l'enlèvement de ces déblais.

» Nous serons donc réduits, pour terminer ce travail d'une difficulté ex-
» ceptionnelle, à l'emploi exclusif des brouettes ; mais, ce moyen, complète-
» ment imprévu d'ailleurs, n'en deviendra que plus onéreux pour nous par
» l'augmentation de la raideur des rampes et la masse des bois qu'il nous
» faudra affecter à l'établissement et à l'entretien du roulage, car les ma-
» rées, quelque soin que l'on prenne, nous en enlèveront toujours une grande
» quantité.

» Nous terminerons, M. l'Ingénieur, en vous priant de vouloir bien faire
» constater l'importance du cube enlevé au dessous de la cote 12ᵐ 78ᶜ, et
» établir un prix en rapport avec les difficultés qu'augmente encore votre
» ordre de service précité. »

Nous venions d'adresser cette lettre à M. l'Ingénieur des travaux, dans le
but de sauvegarder nos droits et d'obtenir un nouveau prix qui nous tînt
compte du chargement des barques au moyen de la brouette, après un dépôt
et une reprise, lorsque nous reçumes un nouvel ordre de service, n° 87,
nous imposant également le profil à donner aux fouilles de fondations de la
3ᵉ et dernière partie du mur de quai.

Nous lui écrivîmes aussitôt, à la date du 8 mai 1861, dans les termes suivants :

« Comme nous vous le faisions observer par notre lettre du 25 avril der-

» nier, en réponse à votre ordre de service n° 84 et que nous vous confir-
» mons, nous avons déjà exécuté, depuis plusieurs mois, une partie des dé-
» blais sur toute l'étendue de l'emplacement du quai et au-delà des profils
» que vous venez de nous envoyer.

» Nous vous renouvelons la prière de vouloir bien faire contradictoire-
» ment des profils pour la constatation de l'état des lieux, afin que les déblais
» exécutés antérieurement à la remise des nouveaux profils soient portés en
» situation.

» Cette opération pourra également servir à la constatation des rapports
» des marées, à partir de ce jour jusqu'au moment où nous pourrons nous
» occuper de l'achèvement des fouilles. »

M. l'Ingénieur répondit alors à nos deux lettres ci-dessus reproduites.

Dans cette réponse qui porte la date du 10 mai 1861, il reconnut *que la
fouille avait été faite antérieurement aux ordres de service*; mais, il ajouta :
« Si vous lui avez donné plus de $11^m 50^c$ de largeur, et si, dans toute la lar-
» geur, vous l'avez abaissée au-dessous de la cote $12^m 78^c$, vous l'avez fait
» à tort et sans ordre et devez en rester responsables. L'ordre de service
» n° 77, qui vous prescrivait de faire une rigole pour abaisser le plan d'eau
» des épuisements, ne parlait que de la largeur strictement nécessaire pour
» le battage de la file de derrière. Je vous ai laissé, pour faciliter le travail
» par barques, faire dès ce moment le déblai de la plateforme destiné à re-
» cevoir les bacs des pompes; mais, le Conducteur vous a dit de ne pas des-
» cendre, dans cette partie, au-dessous du niveau de la lierne de derrière,
» et vous a même remis un profil contenant les limites de la fouille à effec-
» tuer. Si par inadvertance, vous avez dépassé les limites qui sont les mêmes
» que celles que prescrit l'ordre de service n° 84, vous comprenez que l'Ad-
» ministration ne peut vous compter un excédant de déblai qui constitue un
» travail tout-à-fait inutile. Dans le cas où vous ne reconnaîtriez pas avoir
» reçu du Conducteur les indications nécessaires, je vous répondrais que
» vous deviez, pour ne pas marcher en aveugle, demander un ordre de ser-
» vice, puisque ce déblai, extérieur à la fouille et uniquement destiné à lo-
» ger les bacs, n'était pas prévu au projet.

» Je ne puis donc que maintenir les ordres de service 82 et 84, où il est
» déclaré que tout déblai fait en dehors des limites des profils ne sera pas
» porté en compte.

» Je suis, d'ailleurs, tout disposé à ce qu'il soit fait un lever de profils
» contradictoire constatant l'état actuel des lieux, afin que nous puissions, en
» tout état de cause, évaluer l'importance de votre réclamation dont je
» vous donne acte. J'ai donné des ordres, dans ce sens, au Conducteur des
» travaux. »

» En ce qui concerne votre réclamation relative au travail par barques,
» (lettre du 25 avril), je déclare ne pas comprendre sur quoi vous la fondez.
» Vos fouilles sont certainement très-étendues, plus qu'à l'ordinaire, pour
» un travail à la marée. Dans le sens transversal, j'ai modifié le profil du
» projet d'une manière avantageuse pour vous, puisque la banquette exté-
» rieure destinée aux bacs des pompes peut, en même temps, recevoir les
» barques. Quant aux brouettes, je ne vous en ai prescrit l'emploi, par mon
» ordre de service n° 80, qu'à cause de l'insuffisance de votre matériel ;
» mais, vous pouvez employer tout autre procédé, pourvu que le déblai
» soit conduit de telle manière que la sonnette des palplanches ne chôme ja-
» mais et que le coulage du béton la suive constamment.

» En résumé, je n'ai absolument rien changé aux conditions du projet ;
» je ne vous ai imposé aucune gêne imprévue ; les difficultés que vous
» éprouvez sont celles de tous les travaux à la marée ; je ne vois, dès-lors,
» aucun motif qui puisse justifier votre demande d'établissement d'un
» nouveau prix. »

Nous avons donc été placés dans l'obligation de nous conformer strictement aux ordres de service n° 84 et 87 ; mais, nous n'avons accepté cette
obligation, bien entendu, que sous la réserve expresse de tous nos droits.

Depuis le 10 mai 1861, M. l'Ingénieur des travaux est d'ailleurs revenu
sur la première partie de sa lettre.

En effet, après avoir reconnu, au moyen des profils levés contradictoirement par ses ordres, que le cube des déblais, effectués en sus de celui qui
serait seulement résulté de ses ordres de service n° 84 et 87, s'élevait à
428^m 85^c et que ce cube avait été exécuté de bonne foi et dans l'intérêt des
travaux, il nous en a tenu compte dans nos situations.

Mais il a persisté à ne rien nous allouer à raison de l'impossibilité dans laquelle nous avons été placés, à la suite des ordres de service n° 84 et 87,
de charger directement nos barques.

Cependant, Messieurs, il est incontestable qu'en nous constituant dans

4

l'obligation absolue de terminer les fouilles dans des limites excessivement étroites et qu'elle encombrait constamment elle-même par l'installation de plusieurs pompes, l'Administration a rendu tout-à-fait impossible la charge directe de ces déblais dans nos barques, parce que celles-ci ne pouvaient s'approcher de nos fouilles.

Or, ainsi que nous l'avons établi plus haut, cette charge directe dans les barques était la seule qui fût prévue au devis, au bordereau des prix et au détail estimatif de notre entreprise.

Nous avons donc été réduits à faire emploi de brouettes et de petits radeaux pour pouvoir, d'abord, arriver à déposer nos déblais sur le banc existant entre nos fouilles et le chenal où attendaient nos barques, et, ensuite, les reprendre et les charger dans lesdites barques qui les transportaient alors à la mer, au point désigné par notre contrat.

Ces dérogations aux clauses de notre marché, jointes à la raideur des rampes que les brouettes devaient monter et à la masse des bois qu'il a fallu se procurer pour les roulages, nous ont occasionné, d'après nos attachements, en sus du prix du devis, une dépense de 0f 75c par mètre cube applicable aux 2,500m cubes de déblais que nous avons enlevés, déposés, repris et chargés dans ces conditions, soit : un excédant de dépenses de 1,875f, dont nous vous prions d'ordonner le remboursement.

Avant de vous être présenté, Messieurs, ce chef de réclamation a été, comme le précédent et comme ceux qui vont suivre, soumis à la haute attention de M. l'Ingénieur en chef; mais M. l'Ingénieur en chef l'a repoussé dans les termes suivants :

« Vous demandez une allocation supplémentaire de 0f 75c par mètre cube
» pour 2,500m cubes de déblais que vous avez été dans l'obligation de trans-
» porter en brouette ou en radeau jusqu'aux barques à soupape, par
» suite de l'impossibilité où vous vous êtes trouvés d'échouer vos barques à
» proximité des fouilles. Il y aurait, de ce chef, une somme de 1,875f
» à ajouter au décompte de votre entreprise. Cette partie de votre ré-
» clamation serait fondée si les dispositions prises par les ingénieurs, pour
» l'exécution du travail, en avaient augmenté les difficultés; mais il n'en a
» pas été ainsi, puisqu'en fait, les fouilles ont été portées à une largeur no-
» tablement plus grande que vous ne deviez le prévoir d'après les détails
» d'exécution du projet. Or, l'agrandissement des fouilles en largeur ne pou-
» vait que faciliter l'emploi des barques à clapet. Les conditions du projet ne

» me paraissent donc pas avoir été modifiées de manière à vous causer quelque
» préjudice, et je dois en conclure que l'indemnité que vous réclamez ne vous
» est pas due. Il y a là, du reste encore, une question de droit qui doit être
» soumise aux tribunaux administratifs. »

Or, cette question, Messieurs, nous vous la soumettons avec confiance,
car nous avons démontré ci-dessus que nos charges ont été considérablement
aggravées par l'exécution des ordres de service nᵒˢ 84 et 87, exécution à laquelle nous ne nous sommes soumis que parce que nous y étions contraints
et forcés par les dispositions de l'article 7 des clauses et conditions générales,
et sous la responsabilité de M. l'Ingénieur des travaux.

Le Conseil d'État a d'ailleurs décidé, par son arrêt du 30 Juin 1842,
que la clause d'un contrat par laquelle l'Administration s'est réservée le droit
de faire des changements aux travaux ne fait point obstacle à ce que, conformément aux articles 3, 7 et 22 des conditions générales, il soit examiné si,
par suite de ces changements, les prix du marché ne doivent pas subir de
modifications.

Nous maintenons donc la demande qui fait l'objet de ce chef de nos réclamations.

4ᵉ CHEF. — *Préjudices causés aux entrepreneurs par l'Administration, à raison de l'insuffisance des moyens d'épuisement employés dans les fondations du mur du nouveau quai Bonaparte.*

Aux termes de l'article 71 du devis de notre entreprise, tous les épuisements devaient être effectués en régie par l'Administration.

Or, les épuisements des fouilles dont il s'agit n'ont jamais été effectués par
elle d'une manière suffisante.

C'est surtout dans la troisième partie dudit mur que l'insuffisance des
épuisements a été considérable. Sur ce point, en effet, cette insuffisance a
été telle qu'elle nous a causé des préjudices relativement énormes.

Aussi, par notre lettre du 8 Novembre 1861, avons-nous appelé la sérieuse
attention de M. l'Ingénieur des travaux sur cette partie importante des obligations de l'Administration et l'avons-nous prié, soit d'augmenter le nombre
des pompes, soit de nous allouer, à raison de l'insuffisance des épuisements,

une augmentation du prix de la main-d'œuvre, pour tous les ouvrages à exécuter dans la troisième partie précitée, au-dessous de la cote 12ᵐ 50ᶜ.

Voici notre lettre elle-même :

« Monsieur l'Ingénieur, plusieurs fois nous avons eu l'honneur de vous » exposer inutilement l'insuffisance de vos moyens d'épuisements, notamment » par notre lettre du **17 Août** dernier. Ces moyens, depuis que nous avons » attaqué les fondations sur les 80 derniers mètres, deviennent trop onéreux » et légitiment auprès de vous notre réclamation de ce jour. »

» Ainsi, à cette dernière vive eau, alors que les épuisements de la fouille » durent régulièrement de une heure et demie à une heure trois-quarts, » quelquefois même deux heures et plus, témoin la constatation faite par » vous-même, Monsieur l'Ingénieur, le 14 du mois dernier, nous ne pou-» vons, nous, travailler que pendant une heure et un quart ou une heure et » demie, et encore dans les jours de plus grande vive eau, c'est-à-dire pen-» dant trois ou quatre jours chaque mois. »

» Nous espérons donc, Monsieur l'Ingénieur, tout en maintenant notre » réclamation du 25 Avril dernier relative aux difficultés exceptionnelles des » fouilles du quai, que vous voudrez bien, ou augmenter le nombre des » pompes, ou nous accorder un nouveau supplément de prix pour toute la » main-d'œuvre de tous les travaux à faire pour cette partie du mur, en » contrebas de la cote 12ᵐ 50ᶜ, niveau où commencent les épuisements.

» Par ce que vous avez pu constater ce matin encore, Monsieur l'Ingé-» nieur, se trouve corroborée la réclamation qui fait l'objet de cette lettre. C'est » ainsi que, dans deux jours, nous perdons trois marées consécutives, par » suite toujours de l'insuffisance de vos moyens d'épuisement. En effet, » aux deux marées d'hier, comme à celle de ce matin, l'eau rentrait dans la » fouille que celle-ci n'était pas encore en état de recevoir les ouvriers. »

Dans sa réponse à cette lettre, qui est datée du même jour, M. l'Ingénieur des travaux a d'abord soutenu que, prétendre que ses moyens d'épuisements étaient insuffisants, alors qu'il employait deux locomobiles de 7 et 9 chevaux, faisant mouvoir trois pompes rotatives et deux pompes Letestu, c'était réellement faire preuve d'une grande inexpérience des travaux à la marée.

Mais, Messieurs, l'énumération ci-dessus du matériel d'épuisement employé par l'Administration ne pouvait nullement prouver que les épuisements étaient convenablement assurés par elle. Aussi, comme l'insuffisance de ces épuisements ne pouvait être niée, M. l'Ingénieur s'est-il hâté d'ajouter :

« Vous n'avez certainement vu, dans aucun port, ces travaux se faire » dans de meilleures conditions, surtout eu égard à la profondeur de fonda- » tion de notre mur que vous connaissiez avant de soumissionner. Il est tout » naturel que la durée des épuisements soit plus longue dans la troisième » partie du mur dont la fondation est plus basse de 0ᵐ 60ᶜ. »

Les épuisements laissaient donc beaucoup à désirer, M. l'Ingénieur l'avouait donc ; seulement il prétendait qu'ils ne pouvaient pas être effectués dans de meilleures conditions ; nous avons toujours soutenu le contraire.

Nous connaissions la profondeur des fondations au moment de soumis- sionner, cela est vrai ; mais nous savions en même temps que nous traitions avec l'Administration des Ponts-et-Chaussées, et que cette Administration, qui dispose d'un matériel et d'un personnel considérables, s'était engagée à épuiser de manière à nous permettre d'utiliser le temps des marées, puisque c'était le seul temps pendant lequel nos ouvriers pouvaient exécuter les ou- vrages de fondations.

Enfin, pour ce qui est de la plus grande durée des épuisements dans la troisième partie du mur, elle n'a été due évidemment qu'à l'insuffisance des moyens d'épuisements.

« Quant à dire, a ajouté M. l'Ingénieur dans sa lettre du 8 Novembre 1861, » que vous ne pouvez travailler que pendant une heure et un quart ou une » heure et demie, et cela, seulement trois ou quatre jours par mois, c'est » une exagération telle et si complètement démentie par les faits que je ne » comprends pas que vous ayez osé la produire. Je vous le répète, Messieurs, » vous ne connaissez pas assez les travaux à la marée pour avoir acquis l'ha- » bitude de supporter les sujétions qu'ils imposent. »

Enfin, M. l'Ingénieur a terminé sa lettre comme suit :

« 1º Je conteste formellement l'insuffisance de nos moyens d'épuisements » dans les conditions de travail où nous sommes.

» 2º Rien, dans le devis, ne vous autorise à réclamer une augmentation du » prix de main-d'œuvre pour cette insuffisance prétendue. »

Ainsi, M. l'Ingénieur nous répondait en nous accusant d'exagération et en nous reprochant notre peu de connaissance des travaux à la mer. Il allait plus

loin, il contestait l'insuffisance des épuisements et soutenait que cette insuffisance prétendue ne nous donnait droit à aucune indemnité.

Nous ne pouvions accepter une semblable réponse.

En effet, en se chargeant d'effectuer *tous les épuisements*, l'Administration
n'y avait mis aucune condition qui lui permît de faire plus ou moins, selon
les circonstances. L'article 71 du devis est ainsi conçu : « *Tous les épuise-*
» *ments se feront par voie de régie.* » D'où il suit, de la manière la plus évidente que, dès-lors que les épuisements n'étaient pas assurés d'une manière
suffisante, pour permettre le travail des ouvriers pendant le temps des marées, temps pendant lequel, nous le répétons, nous pouvions seulement travailler aux fondations, il y avait là une dérogation au contrat qui nous donnait
évidemment le droit de demander la juste réparation des torts et dommages
qui en étaient la conséquence forcée.

Pour ce qui est de la manière dont les épuisements sont faits dans d'autres
ports de mer, et de notre manque de connaissances en fait de marées, nous
n'avions guère à nous en inquiéter. Tout ce que nous savions, c'est que
l'Administration, qui s'était chargée des épuisements, était tenue de les exécuter de manière à ne pas paralyser nos ouvriers pendant les marées, attendu
que rien, dans notre marché, ne pouvait donner le droit à l'Administration
de nous faire payer à nos ouvriers trois heures de travail par chaque marée,
lorsque, par son fait, ils ne pouvaient réellement travailler que pendant une
heure et quelques minutes.

Dans ces dispositions, nous écrivîmes donc à M. l'Ingénieur des travaux,
le 12 Novembre 1861, la lettre que nous transcrivons ci-dessous :

« Pour justifier la suffisance de vos moyens d'épuisement, à ce chantier
» vous vous basez sur la force des locomobiles employées à ce travail et vous
» dites, Monsieur l'Ingénieur, que prétendre le contraire ne peut provenir
» que de notre grande inexpérience des travaux à la marée. »

» Permettez-nous de vous dire que là n'est point la question. Peu importe
» que vous ayez à ces épuisements deux machines à vapeur d'une plus ou moins
» grande force; que vous ayez quatre ou cinq pompes mues par ces locomo-
» biles ; cela ne prouve pas encore que les épuisements se fassent en des condi-
» tions acceptables pour nous. »

» La durée totale d'une marée étant, nous supposons, de trois heures,

» quelle doit être la durée des épuisements? Voici ce que nous soumettons à
» votre appréciation. »

» Nous pensons, nous, que ces épuisements durent beaucoup trop ; en un
» mot, que vos moyens d'épuisements sont insuffisants, et c'est ce que nous
» désirons vous justifier. Nous maintenons donc les assertions contenues dans
» notre lettre du 8 Novembre, et, enfin, pour nous permettre de présenter
» notre réclamation, nous vous prions, Monsieur l'Ingénieur, de vouloir bien
» à la vive eau prochaine, faire tenir par vos agents, et contradictoirement
» avec nous, un état exact de la durée du travail de chaque marée, comme
» aussi de la durée des épuisements. »

M. l'Ingénieur a fait droit à notre demande, par sa lettre du 4 Novembre,
ainsi conçue :

« Conformément au désir exprimé dans votre lettre du 12 Novembre, je
» suis disposé à faire constater, contradictoirement avec vous, la durée des
» épuisements et celle du travail utile. »

» J'ai donné des ordres dans ce sens au Conducteur ; seulement la consta-
» tation ne pourra avoir lieu que lorsque le travail aura repris son cours
» normal, c'est-à-dire lorsque nous serons parvenus à faire disparaître, par
» voie d'épuisement, la grande quantité de vase qui a été rapportée dans la
» fouille par suite des pluies abondantes de la semaine passée. »

» Vous ferez de cette constatation tel usage qu'il vous plaira ; mais, je ne
» puis admettre que la force de nos machines et le nombre de nos pompes
» soient des éléments dont on ne doive pas tenir compte quand la suffisance
» de nos moyens d'épuisements est contestée. »

M. l'Ingénieur terminait ensuite, en persistant à soutenir que notre réclamation était sans fondement, et en cherchant à établir que cette réclamation ne pouvait, dans tous les cas, remonter à une date antérieure au 8 Novembre, jour où nous nous étions plaints, par écrit, pour la première
fois.

Dans la lettre que nous lui écrivîmes le 15 novembre, nous avons com-
battu ces prétentions. Cette lettre se terminait ainsi :

« Pour ce qui est de la reprise des travaux de déblais des murs de quai,
» depuis le 8 novembre au matin, suspendus par un cas indépendant de notre
» volonté, nous sommes à la disposition de M. le conducteur Leroy. Nous

» faisons, du reste, toutes réserves au sujet de cette suspension insolite, afin
» de pouvoir réclamer plus tard, pour les dommages qu'elle nous a causés
» par les sacrifices que nous avons faits pour retenir les ouvriers inoccupés
» de ce chantier.

» Enfin, et en confirmation de nos réclamations précédentes, nous termi-
» nerons en vous exposant que les épuisements du quai ont duré :

» Le 12, au soir, ... 0   50 minutes

» Le 13, au soir, ... 1ʰ 50ᵐ.

» Le 14, au soir, ... 1ʰ 40ᵐ.

» Le 15, au matin. . . . . 1ʰ 15ᵐ.

» Et que, pas une fois, ces épuisements ne sont parvenus à mettre les
» fouilles à découvert avant le retour du flot. »

Elle fut suivie de celle que M. l'Ingénieur nous a écrite, lui même, le 16
novembre, pour maintenir toutes ses prétentions et pour déclarer que toute
discussion devait cesser sur ce point, sauf à soumettre ultérieurement la difficulté au Conseil de Préfecture.

Cette discussion cessa en effet; mais les constatations contradictoires qui
commencèrent le 19 Novembre et qui prirent fin le 28 Décembre suivant,
constatations qui sont consignées dans le tableau ci-après, vinrent démontrer aussi clairement que possible la justice de nos réclamations.

TABLEAU de la durée des marées, de celle des épuisements et de celle du travail utile pour la 3ᵉ partie du mur du quai Bonaparte, exprimées en minutes.

DATES	MARÉES		ÉPUISEMENTS		BARQUES A SOUPAPES.		RADEAUX entre pieux et palplanches		COULAGE DU BÉTON.		SONNETTE		POSE DE LIERNES.	
NOVEMBRE 1861	MATIN	SOIR	MATIN	SOIR	MATIN	SOIR	MATIN	SOIR	MATIN	SOIR	MATIN	SOIR	MATIN	SOIR
19	»	200'	»	200'	»	140'	»	80'	»	»	»	»	»	»
20	165'	180'	165'	105'	100'	120'	60'	95'	»	75'	»	»	»	»
21	155'	135'	110'	80'	95'	95'	85'	75'	60'	70'	»	»	»	»
22	118'	»	75'	»	83'	»	68'	»	58'	»	73'	»	»	»
29	»	145'	»	145'	»	»	»	»	»	»	»	70'	»	»
30	180'	165'	180'	165'	115'	120'	90'	100'	»	»	110'	115'	»	»
DÉCEMBRE.. 1	140'	180'	140'	180'	35'	140'	25'	130'	»	»	30'	»	»	»
2	210'	235'	210'	235'	165'	165'	155'	190'	»	»	160'	190'	»	155'
3	225'	235'	130'	235'	80'	160'	155'	185'	»	160'	165'	185'	»	»
4	235'	230'	80'	230'	175'	»	»	»	155'	»	165'	70'	»	»
5	205'	195'	205'	195'	»	75'	»	»	»	»	»	95'	»	»
6	185'	180'	185'	180'	»	»	75'	90'	»	»	75'	100'	55'	»
7	135'	170'	110'	120'	»	»	50'	100'	»	»	55'	105'	25'	65'
8	140'	235'	105'	95'	»	»	65'	55'	65'	55'	75'	70'	65'	»
9	100'	»	100'	»	»	»	30'	»	»	»	35'	»	»	»
14	»	135'	»	135'	»	»	»	»	»	»	»	»	»	»
15	140'	135'	95'	110'	»	»	55'	35'	»	»	65'	60'	»	»
16	170'	175'	135'	175'	»	»	60'	35'	55'	»	85'	35'	»	»
17	160'	180'	160'	130'	»	»	35'	100'	45'	105'	50'	125'	»	»
18	145'	165'	115'	165'	»	»	65'	»	75'	70'	85'	75'	»	»
19	200'	225'	125'	85'	»	»	125'	165'	120'	155'	140'	170'	115'	»
20	215'	245'	70'	245'	»	»	165'	165'	145'	»	170'	190'	135'	»
21	215'	235'	100'	90'	»	»	130'	170'	»	155'	155'	»	»	»
22	195'	210'	195'	210'	»	»	130'	160'	»	»	»	»	»	»
23	145'	170'	85'	90'	»	»	135'	165'	»	125'	»	»	»	»
24	200'	190'	95'	190'	»	»	145'	115'	115'	»	»	»	»	»
25	155'	»	155'	»	»	»	90'	»	»	»	»	»	»	»
26	135'	150'	135'	150'	»	»	»	»	65'	70'	»	»	»	»
27	»	160'	»	160'	»	»	»	»	»	100'	»	»	»	»
28	170'	180'	65'	180'	»	»	»	»	105'	»	»	»	»	»
TOTAUX....	4438'	5040'	3325'	4280'	848'	1015'	1993'	2210'	1063'	1140'	1693'	1635'	395'	220'
	26	27	26	27	8	8	22	19	12	11	17	15	5	2
	2ʰ50'	3ʰ6'	2ʰ7'	2ʰ38'	1ʰ46'	2ʰ06'	1ʰ30'	1ʰ56'	1ʰ28	1ʰ44'	1ʰ40'	1ʰ50'	1ʰ29'	1ʰ50'
	2ʰ 58'		2ʰ 23'		1ʰ 56'		1ʰ 43'		1ʰ 36'		1ʰ 45'		1ʰ 40'	

5

Ce tableau permet effectivement de comparer, pour chaque marée, la durée des épuisements avec la durée du travail effectif, et de reconnaître ainsi, d'une manière exacte et certaine, le temps que nos ouvriers ont perdu par suite de l'insuffisance des épuisements.

Or, il résulte aussi évidemment que possible de cette comparaison que, pour toutes les marée sobservées, du 10 Novembre au 28 Décembre inclusivement ayant une durée moyenne de. . . . . 2ʰ 58 minutes,

la durée des épuisements a été de. . . . . , . . . 1ʰ 23ᵐ

et que le travail effectif n'a été, savoir :

pour les barques à soupape, que de 1ʰ 56ᵐ

pour les radeaux, que de 1ʰ 43ᵐ

pour le coulage du béton, que de 1ʰ 36ᵐ

pour le battage des pieux et palpanches, que de 1ʰ 45ᵐ

pour la pose des liernes, que de 1ʰ 40ᵐ

On ne peut donc plus nier que les épuisements des fouilles, dans cette partie du mur de quai, aient été complètement insuffisants.

On ne peut donc plus nier que cette insuffisance ait été très-préjudiciable à nos intérêts, puisque le temps perdu, temps que nous avons dû payer quand même à nos ouvriers, a été de plus de 100 p. 100, si l'on tient compte du temps employé, chaque fois, pour l'organisation des chantiers.

Nous croyons donc être fondés, Messieurs, à vous demander une augmentation de 100 p. 100 sur toutes les mains-d'œuvre des ouvrages exécutés par nous sur ce point, au-dessous de la cote 12ᵐ 50ᶜ, à l'exception toutefois des maçonneries, et ce, par la raison que les maçons pouvaient être occupés, sans interruption, tantôt aux fondations, lorsque l'efficacité des épuisements le permettait, tantôt dans les parties supérieures du mur qui étaient alors en construction, lorsque les épuisements insuffisants ne permettaient pas de continuer l'œuvre des fondations.

D'après ces motifs, nous demandons qu'il nous soit tenu compte, pour nous indemniser de nos pertes, d'une somme égale à la main-d'œuvre qui nous a déjà été comptée sur ce point, et s'élevant à. . . . . 9,198ᶠ 61ᶜ qui se décomposent comme suit :

343ᵐ 02ᶜ cubes de déblai d'argile compacte, à 2ᶠ 40 l'un...	823ᶠ 25ᶜ
803ᵐ 15ᶜ id. entre pieux et palplanches, à 4ᶠ 71ᶜ l'un.	3,782 84
50 pieux de 4ᵐ 05ᶜ pour battage, à 22ᶠ 75 l'un.	1,137 50
50 id. pour battage supplémentaire, à 5ᶠ l'un	250 00
50 panneaux de 2ᵐ 55ᶜ pour battage, à 22ᶠ 20ᶜ l'un	1,110 00
7ᵐ 57ᶜ de liernes pour pose, à 27ᶠ 72ᶜ l'un.	209 84
347ᵐ 09ᶜ cubes de béton avec mortier de 1ʳᵉ espèce, à 3ᶠ 90ᶜ l'un.	1,353 65
136ᵐ 29ᶜ cubes de béton, avec mortier de 2ᵉ espèce, à 3ᶠ 90ᶜ l'un.	531 53
Total égal.	9,198ᶠ 61ᶜ

Cette somme, en effet, nous remboursera à peine les dépenses inutiles que nous avons dû payer à nos ouvriers qui, rassemblés par nous sur le chantier, à l'heure de chaque marée, conformément aux ordres de MM. les Ingénieurs, y sont toujours demeurés complètement inactifs près d'une heure et demie sur trois, par suite de l'insuffisance des épuisements que l'Administration avait pris à sa charge.

Avant de vous soumettre ce chef de nos réclamations, nous l'avons présenté à M. l'Ingénieur en chef du service ; nous aurions été effectivement désireux de résoudre à l'amiable toutes les difficultés qui ont surgi dans notre entreprise.

Voici la réponse qu'il a bien voulu nous faire, à la date du 3 Mars dernier :

« Lorsque vous avez soumissionné les travaux du quai Bonaparte qui de-
» vaient s'exécuter à la marée, vous saviez qu'il faudrait un certain temps
» pour épuiser les fouilles et permettre aux ouvriers d'y descendre. C'était
» là une des clauses essentielles de votre marché, en ce qui concernait l'éta-
» blissement des fondations du mur de quai. »

Notre marché, Messieurs, ne disait qu'une chose, à savoir : que *tous les épuisements se feraient par voie de régie* (article 71 du devis) ; et si nous savions qu'il faudrait un certain temps pour épuiser les fouilles et permettre aux ouvriers d'y descendre, nous savions aussi que nous avions traité avec une administration toute-puissante, qui tenait à honneur tous ses engagements et qui ne reculerait pas devant l'emploi du nombre de locomobiles et de pompes suffisantes pour que le temps perdu ne dépassât jamais celui qui était nécessaire pour l'installation du chantier.

Voilà quelle était notre conviction au moment où nous nous sommes rendu adjudicataires.

M. l'Ingénieur en chef a ajouté :

« Toute la question est donc de savoir si les agents de l'Administration ont
» organisé le service des épuisements dans de bonnes conditions, eu égard
» aux difficultés du travail. Or, à cet égard, je pourrais, en quelque sorte,
» m'en rapporter à votre appréciation et vous demander si vous auriez opéré
» les épuisements dans de meilleures conditions que les agents de l'Adminis-
» tration, au cas où vous en auriez été chargés. »

Il ne nous appartient pas, Messieurs, de critiquer en rien que ce soit le mode d'opérer qui a été employé par l'Administration ; cependant nous devons déclarer ici que si nous avions été en son lieu et place, et que nous aurions pu, comme elle le pouvait, disposer et de ses ressources et de son matériel et de son personnel, nous aurions effectué les épuisements dans de bien meilleures conditions.

Pour cela, au lieu de deux locomobiles insuffisantes qui, placées sur le chantier, gênaient considérablement les travaux et les transports, nous aurions pratiqué une large et profonde rigole, depuis l'extrémité de la fouille jusqu'au point où le chenal se trouve à la cote $10^m 68^c$, niveau des basses mers moyennes de vive eau (le niveau des basses mers moyennes de mortes eaux est à la cote $12^m 68^c$; mais on ne travaillait jamais pendant les mortes eaux) ; alors, les épuisements auraient pu être effectués d'une manière convenable et satisfaisante pour tous les intérêts. Au moyen d'une vanne que nous aurions placée à l'extrémité de la fouille, nous aurions d'ailleurs empêché l'eau d'y rentrer avant que la mer eût atteint la hauteur du banc à l'extrémité du mur, banc qui se trouve à la cote $13^m 28^c$.

Et tout cela eût été facile, puisque le niveau des basses mers de vive eau est à la cote $10^m 68^c$ et que l'on commençait à épuiser à la cote $12^m 50^c$.

Mais l'Administration a préféré économiser la dépense et l'entretien de la rigole dont il s'agit et utiliser le matériel insuffisant qu'elle avait à sa disposition sur les lieux.

Pouvons-nous demeurer responsables de ce fait? Nous ne saurions le croire.

M. l'Ingénieur en chef a dit encore :

» L'Administration ne s'était nullement engagée à vous livrer les fouilles
» à sec dans un temps déterminé; mais seulement à organiser les moyens
» d'épuisement dans de bonnes conditions, je le répète, eu égard au travail
» à exécuter. Que prouve, dès lors, l'état que vous produisez, à supposer qu'il
» puisse être admis tel que vous le présentez, et, à certains égards, il est
» discutable? Rien, si ce n'est qu'avec les moyens puissants dont on disposait
» vous n'avez pu travailler, pendant une marée de 2 heures 58 minutes, que
» 1 heure 37 minutes (moyenne des chiffres que vous donnez) et que, par
» conséquent, on a employé 1 heure 21 minutes à mettre les fouilles à sec.
» Qu'y a-t-il là de si anormal, et en quoi la situation qui vous a été faite dif-
» fère-t-elle si essentiellement de celle qu'indiquaient la nature même des
» choses et les conditions de votre marché? »

Ce passage de la réponse de M. l'Ingénieur en chef nous a profondément surpris. En effet, M. l'Ingénieur en chef n'ignore pas, d'une part, que l'état que nous avons produit a été dressé contradictoirement entre l'Administration et nous, à l'effet de prouver l'insuffisance des épuisements, et d'autre part, que nous étions dans la nécessité de payer nos ouvriers, selon leur force et leur emploi, quel que fût d'ailleurs le travail que chacun d'eux pouvait exécuter, à raison d'un prix déterminé spécialement pour chacune des marées; enfin, M. l'Ingénieur en chef n'ignore pas non plus que la nature des choses et les conditions du marché exigeaient impérieusement qu'il en fût ainsi.

L'analyse des prix qui, ainsi que l'a dit lui-même M. l'Ingénieur en chef (en parlant d'une réclamation précédente), doit être consultée lorsque le devis ne s'explique pas suffisamment; eh bien! l'analyse des prix exprime formellement que les auteurs du projet l'avaient réellement compris ainsi, puisqu'ils y ont estimé le prix applicable à chaque marée, pour chaque nature d'ouvrier, savoir : 1^f 50^c pour le fort manœuvre, 1^f 25^c pour le manœuvre ordinaire, 1^f 50^c pour le barqueur, et 1^f 75^c pour le roqueteur.

Or, il n'est pas possible de supposer que les auteurs du projet aient pu supputer ces prix dans l'hypothèse que les ouvriers ne pourraient travailler que la moitié environ du temps de chaque marée, c'est-à-dire une heure et demie seulement. Dans ce cas, en effet, le salaire fixé serait tout-à-fait hors de proportion avec la durée du travail.

Quant à nous, Messieurs, nous avons dû payer des prix analogues à ceux prévus à notre marché pour des marées qui devaient produire trois heures de travail et qui, cependant, n'en ont produit qu'une et demie par le fait de l'Administration, ainsi qu'il a été établi ci-dessus; il est donc légal et juste que l'Administration nous tienne compte de ce préjudice.

M. l'Ingénieur en chef a continué sa réponse en nous disant :

« Si les machines d'épuisement avaient été réellement insuffisantes et que,
» par suite de l'organisation défectueuse de ce service, vous eussiez eu à
» souffrir des chômages trop fréquents, j'aurais compris que vous eussiez pré-
» senté une demande d'indemnité par voie gracieuse à l'Administration supé-
» rieure, en signalant ce qui vous eût paru défectueux dans le système
» d'épuisement employé et en démontrant, par des faits, que les sujétions
» qui vous étaient imposées vous avaient causé un préjudice que vous ne de-
» viez pas supporter d'après les prévisions du projet. J'aurais alors été dis-
» posé à appuyer auprès de l'Administration supérieure une demande ainsi
» formulée..... »

M. l'Ingénieur en chef termine ensuite en nous reprochant encore de n'avoir pas établi que le système d'épuisement adopté par l'Administration nous était nuisible et en nous rappelant que M. l'Ingénieur des travaux avait, dans le temps, attribué à l'insuffisance de notre matériel l'inexécution du travail des fondations.

Nous répondons en quelques mots.

L'insuffisance des épuisements était patente. On ne pouvait la nier, c'eût été nier la lumière. Le tableau ci-dessus prouve d'ailleurs, d'une manière irréfutable, puisqu'il a été dressé contradictoirement entre l'Administration et nous, que les 29 et 30 Novembre, 2, 3, 14, 17, 18 et 20 Décembre, la fouille n'a pu être épuisée, et que les 4, 5 et 16 Décembre, les pompes ont manqué. Alors, et chaque fois, nos ouvriers ont dû rester inactifs et se retirer ; mais il a fallu nécessairement les payer. Ainsi, pendant les 30 jours qu'ont duré les observations contradictoires du tableau ci-dessus, il y a eu onze chômages complets. Si ce ne sont pas là des chômages fréquents, nous devons déclarer que c'est à n'y rien comprendre!

Quant au reproche de n'avoir pas réclamé d'indemnité, il disparaît en présence de nos lettres qui ont été reproduites ci-dessus; nous ne voyons pas d'ailleurs en quoi et comment cette demande d'indemnité pouvait avoir un caractère gracieux.

Enfin, Messieurs, nous soutenons, comme nous l'avons toujours soutenu, que notre matériel a été plus que suffisant pour l'activité à imprimer aux ouvrages, puisqu'il est malheureusement vrai de dire qu'il était le plus souvent réduit à l'inactivité par le fait de l'Administration.

Nous maintenons donc la demande ci-dessus.

5e CHEF. — *Remblais derrière les maçonneries du mur du nouveau quai Bonaparte exécutés par un autre entrepreneur que les adjudicataires, en dehors des conditions du marché et malgré ces conditions ; d'où : 1° perte de bénéfice et 2° aggravations considérables des charges de l'entreprise.*

D'après les prescriptions du devis et la nature même du contrat intervenu entre l'Administration et nous, nous étions seuls chargés de l'exécution des remblais derrière les maçonneries du mur de quai.

Cette dépense figure même au détail estimatif auquel se réfère notre procès-verbal d'adjudication pour 14,857^m 66^c cubes de remblais à 1^f 11^c l'un; soit, pour une somme de . . . . 16,492^f 00^c

D'un autre côté, Messieurs, l'article 46 du devis contient, entre autres, les dispositions suivantes :

« Tous les remblais seront exécutés par couches de 0^m 30^c dans les points, » que la mer ne baigne pas, et de 0^m 50^c, dans ceux qu'elle peut recouvrir » chaque jour.

« . . . .

» Les remblais à exécuter derrière les maçonneries seront conduits de » manière que le parement soit tout aussitôt recouvert à mesure de sa

» confection et échappe ainsi à une dessiccation trop rapide. Mais, on devra
» bien se garder d'enfermer de l'eau entre les remblais et ce parement. »

Or, non-seulement la plus grande partie des travaux ci-dessus nous a été
enlevée par M. l'Ingénieur, pour être exécutée par un autre entrepreneur ;
mais, encore, cet autre entrepreneur a été autorisé à exécuter les remblais
dont il s'agit sans tenir aucun compte des prescriptions de notre contrat.

De là, Messieurs, un double préjudice :

1° La privation ou plutôt la perte des bénéfices que nous étions en droit
de réaliser sur lesdits remblais; 2° l'aggravation réelle de nos charges pour
ce qui concerne l'exécution des maçonneries du mur.

Pour vous en donner une preuve évidente, nous ne pouvons mieux faire
que de mettre sous vos yeux la correspondance qui a été échangée à cet
égard.

Le 14 décembre 1861, c'est-à-dire, au moment de l'exécution des remblais ci-dessus, illégalement distraits de notre entreprise, nous écrivîmes à
M. l'Ingénieur des travaux la lettre qui suit :

« Nous prenons la liberté de vous exposer les réclamations qui suivent,
provoquées par la marche imprimée jusqu'à ce jour aux remblais à effectuer
» derrière les maçonneries du mur de quai.

» Ces remblais, commencés par nous, et, nous ignorons par quel motif,
» continués par un autre entrepreneur au moment précisément où ils nous
» seraient devenus avantageux, s'exécutent en effet d'une manière qui nous
» est très-préjudiciable.

» On attend, pour les exécuter, que les maçonneries soient montées à peu
» près à leur hauteur.

» Or, ce mode nous impose un accroissement de dépenses considérables,
» telles que frais d'échafaudages et difficultés d'approche des matériaux,
• sans compter la perte de ceux qui tombent dans la vase entre le mur et
» l'ancien quai en bois.

» Nous venons, en conséquence, Monsieur l'Ingénieur, vous prier de
» vouloir bien, au moins, faire exécuter les remblais suivant l'avancement
» des maçonneries, et d'un autre côté, nous vous prions de prendre en
» considération l'accroissement des frais de mains-d'œuvre déduits plus haut,

» et, pour la partie déjà à hauteur, de vouloir bien nous accorder un sup-
» plément de prix de 3ᶠ par mètre cube de maçonnerie comprise entre la
» lierne et la file arrière de la tablette. »

Malgré ces réclamations si pressantes et si fondées, ce ne fut que le
1ᵉʳ Mars 1862 que M. l'Ingénieur des travaux nous honora de la réponse suivante :

» J'ai l'honneur de vous informer que l'Administration a usé d'un droit
» incontestable en faisant opérer le remblai du quai Bonaparte au moyen de
» déblais provenant des fouilles du mur du quai du bassin. Les entrepre-
» neurs chargés de ces fouilles ont fait naturellement ce remblai, de même
» que vous le ferez dans la partie aval du quai au moyen de déblais pro-
» venant des fouilles les plus voisines de l'écluse dont vous avez l'entre-
» prise.

» Ce remblai a marché aussi régulièrement que possible depuis le moment
» où le mur s'est trouvé assez élevé pour qu'il n'y eût plus à craindre que
» la mer fit couler le sable sur les parties en cours d'exécution.

» Il n'est résulté pour vous des prétendus retards de ce remblai aucun
» accroissement de dépenses. Vos échafaudages avaient été installés pour la
» partie inférieure du mur et vous avez continué à vous en servir même
» dans les parties où le remblai existait parce qu'en effet des bardages ne
» peuvent être commodément opérés sur du sable fraîchement remué.

» Au reste, c'est à l'Administration qu'il appartient de régler l'ordre de
» succession des travaux, et les entrepreneurs sont tenus de subir les sujé-
» tions qui peuvent résulter, pour eux, des décisions prises à cet égard.

» Il m'est donc impossible de vous accorder un supplément de prix de
» 3ᶠ par mètre cube de maçonnerie que rien ne justifie. »

Il n'est pas utile, Messieurs, d'insister longuement ici pour démontrer que
la réponse de M. l'Ingénieur s'écartait, à la fois, et de la légalité et de
la justice. Elle ne reposait, d'ailleurs, que sur le déplacement de la question.

En effet, nous n'avions point contesté le droit de l'Administration de faire
effectuer les remblais, derrière les maçonneries du mur de quai, avec les
déblais provenant des fouilles du bassin, puisque ce droit résultait textuel-
lement de l'article 46 du devis, premier paragraphe, où il est dit : « Les

6

» remblais du quai Bonaparte proviendront des déblais de l'écluse et du creu-
» sement même du bassin. » Mais, nous avons soutenu et nous soutenons
encore : 1° que ces remblais ne pouvaient être effectués que par nous seuls,
quelle que fût la provenance des déblais ; 2° que ces mêmes remblais devaient être exécutés dans les conditions relatées ci-dessus et qui résultent du
même article 46 du devis, quatrième paragraphe.

L'Administration s'est donc arrogé souverainement un droit qu'elle n'a-
vait pas, en faisant exécuter, par un tiers, des ouvrages qui faisaient essentiellement partie de ceux de notre adjudication. Enfin, ce n'est pas en nous
écrivant, trois mois après nos réclamations, que les remblais dont il s'agit
ont été conduits aussi régulièrement que possible, que l'on parviendra à démontrer que l'Administration pouvait librement et gratuitement aggraver
nos charges.

Il est d'ailleurs de la dernière évidence que si, dans toutes les entreprises,
l'Administration a le droit de régler l'ordre de succession des travaux, ce
que nous ne contestons pas, ce droit reste toujours subordonné aux conditions qui forment la base du contrat et qui doivent faire la loi des parties :
d'où il suit incontestablement que les entrepreneurs ne peuvent, dans aucun
cas, être tenus de se soumettre, sans indemnité, aux dérogations du contrat
qui ont eu pour conséquence d'aggraver considérablement leurs charges.

Aussi, avons-nous vivement protesté, dans notre lettre du 7 Mars, contre
les prétentions contenues dans celle de M. l'Ingénieur que nous venons de
citer tout-à-l'heure. Nous nous y exprimions ainsi :

« Nous abstenant de discuter votre lettre, n° 1314, que nous avons reçue
» le 1er Mars, nous avons l'honneur de vous informer que nous maintenons,
» en son entier, la lettre du 14 Décembre dernier qui l'a provoquée. Veuillez
» toutefois nous permettre quelques explications que vous apprécierez à leur
» juste valeur : nous osons l'espérer.

» Vous dites, Monsieur l'Ingénieur, que, des retards apportés dans l'exé-
» cution des remblais, il n'est résulté pour nous aucun accroissement de dé-
» penses, et vous appuyez ce dire sur ce que, obligés d'installer des écha-
» faudages pour la partie inférieure du mur, ces mêmes échafaudages nous
» ont servi encore pour les parties plus élevées. »

» Nous l'admettons avec vous ; mais, il n'en est pas moins vrai que, dans
» ces conditions, les maçonneries se trouvant de beaucoup plus élevées que

» les remblais, nous ne pouvions déposer les matériaux que sur le mur et
» en face seulement des échafaudages. De plus, ce mur en s'élevant, perd
» beaucoup de son épaisseur ; de telle sorte qu'au commencement de la ma-
» rée il est tellement emcombré que la distribution du mortier se fait avec
» beaucoup de difficultés et au grand détriment du travail de chaque marée.
» D'un autre côté, et nonobstant cet encombrement, il arrive fort souvent
» que les matériaux approchés étant épuisés, nous devons renvoyer, avant
» l'heure, nos ouvriers payés à la marée. »

» Or, ces inconvénients ne se fussent pas produits, ils ne se produiraient
» pas encore aujourd'hui, si les remblais avaient été menés au fur et à me-
» sure de l'avancement des maçonneries. Nos bardages, alors, se seraient
» opérés dans des conditions normales, en se sens, que nous aurions pu
» échelonner les matériaux à proximité du travail et en quantité suffisante
» pour une marée. »

» Aussi, nous espérons, Monsieur l'Ingénieur, que vous voudrez bien
« reconnaître que nous ne nous sommes pas écartés de la justice en vous
» demandant l'allocation d'un supplément de prix de 3ᶠ par mètre cube de
» maçonnerie. »

A cette protestation, M. l'Ingénieur répondit le 19 Mars 1862 dans les
termes suivants :

« En réponse à votre lettre du 7 Mars, relative au supplément de prix que
» vous demandez pour sujétions résultant de l'état d'avancement insuffisant
» des remblais derrière le mur, j'ai l'honneur de vous faire observer :

» 1° Qu'un remblai fraîchement fait, à l'état de sable mouvant, ne pouvait
» vous servir de lieu de dépôt pour les matériaux.

2° Que les sujétions que vous indiquez sont les sujétions ordinaires du
» travail à la marée.

» 3° Enfin, comme je vous l'ai déjà dit, qu'il appartient à l'Administration
» de régler l'ordre et la marche des travaux.

» Je persiste dans mon opinion qu'aucune indemnité ne vous est due et
» ne puis que vous engager, sans prolonger une discussion inutile, à récla-
» mer, si vous le jugez à propos, par la voie contentieuse. »

En conséquence, Messieurs, nous avons l'honneur de demander, par ap-

plication des clauses et conditions de notre contrat et des règles de la jurisprudence, qu'il nous soit alloué, de ce chef :

1° Une indemnité de 10 p. 0/0 sur les travaux de remblais que nous devions seuls exécuter et qui, cependant, ont été indûment distraits de notre
entreprise pour être confiés à des tiers, à des entrepreneurs rivaux.

C'est là une dérogation à notre devis que rien ne pouvait autoriser ; aussi,
le Conseil d'État a-t-il décidé, plusieurs fois, voir notamment ses arrêts des
14 Février 1845 et 30 Juin 1859, que l'Administration n'avait pas le droit de
charger un autre entrepreneur que l'adjudicataire de travaux compris dans
le marché de ce dernier.

Dans ces deux arrêts, enfin, l'entrepreneur lésé a été admis à réclamer le
bénéfice dont il avait été ainsi indûment privé.

Dans le cas dont il s'agit, le cube des remblais indûment distraits de notre
entreprise s'étant élevé à $42^m \times 286^m$, $49^c = $ . . . . 12,032^m 58^c

ont produit, à raison de. . . . . 1^f 11^c
l'un, une dépense totale de. . . . . 13,356^f 15^c

Nous avons donc droit au bénéfice de 10 p. 0/0 que nous aurions au
moins réalisé sur cette somme, soit, à une indemnité de . . . 1,335^f 60^c

2° Un supplément de prix de 3^f par mètre cube pour toutes les maçonneries du mur de quai exécutées dans des conditions autres et plus onéreuses
que celles du devis, par le fait et la contrainte de l'Administration, maçonneries dont l'énumération suit, savoir :

Section du mur, à partir de la première retraite : 20^m 60^c
$\times$ 443^m 18^c = ... 9,129^m 50^c
Section de la 1re retraite jusqu'à la hauteur du trass, 13^m 10
$\times$ 40^m = ... 524^m 00^c
Contreforts.
Cube d'un contrefort : 6^m 20 et pour 28 semblables.. . . . 173^m 60^c

D'où un cube total de. . . . . 9827^m 10^c

qui multiplié par les 3^f demandés à si juste titre, produit
une somme de. 29,481^f 30^c

Avant de vous soumettre la double demande qui fait l'objet de ce chef de nos réclamations, nous avons cependant prié M. l'Ingénieur en chef de statuer lui-même sur la difficulté.

Voici ce qu'il nous a répondu :

» 1° Je sais, en effet, que le Conseil d'Etat a quelquefois fait indemniser » des entrepreneurs à qui on avait retiré une partie du travail compris au » projet soumissionné par eux ; mais, des circonstances toutes particulières » me paraissent seules avoir pu déterminer le Conseil d'Etat à rendre de » semblables arrêts qui sont en opposition, suivant moi, avec l'article 39 » des clauses et conditions générales. Il y a donc ici une question d'appré- » ciation que je ne puis décider moi-même, ni soumettre à l'Administration » supérieure. Les tribunaux administratifs sont seuls compétents pour sta- » tuer sur cette question, et, lorsque vous la leur aurez soumise, ils auront » à examiner si la *suppression* des travaux de remblais a dû augmenter les » charges de votre entreprise sans qu'il y eût aucune compensation pour » vous, auquel cas seulement l'indemnité pourrait vous être allouée. »

Nous respectons profondément M. l'Ingénieur en chef, nous respectons même son opinion, car nous sommes persuadé qu'elle est sincère ; mais, nous devons déclarer que nous ne pouvons ni la comprendre, ni la partager. En effet, l'article 39 des clauses et conditions générales ne s'applique qu'au cas où l'Administration diminuerait les ouvrages adjugés. Or, ici, il n'y a eu aucune diminution d'ouvrages, aucune *suppression* d'ouvrages, comme paraît le croire M. l'Ingénieur en chef ; tous les ouvrages prévus ont été exécutés ; seulement, au lieu de l'être par nous, comme le spécifiait le devis, article 46, et le détail estimatif lui-même, M. l'Ingénieur des travaux a jugé convenable de le faire exécuter par un autre entrepreneur, sans même exiger que cet autre entrepreneur les exécutât suivant les conditions prévues à notre marché, conditions sur lesquelles avaient été supputés les prix des ouvrages qui figurent à notre bordereau.

M. l'Ingénieur en chef a dit ensuite :

« 2° L'article 46 du devis prescrivait, il est vrai, à l'entrepreneur d'exé- » cuter les remblais *de manière à ce que le parement du mur fût tout aussitôt* » *recouvert, à mesure de sa confection, et échappât ainsi à une dessiccation* » *trop rapide ;* mais, cette prescription n'avait pas d'autre but que d'indiquer » les précautions à prendre dans l'intérêt de la bonne exécution du travail.

» *Elle était, dès-lors, obligatoire pour vous sans l'être pour l'Administration ;*
» et, si les ingénieurs ont jugé convenable de la modifier, vous ne sauriez
» vous prévaloir de ce fait pour réclamer une indemnité, sous prétexte que
» que les bardages de matériaux ont été plus onéreux que vous ne l'aviez
» prévu.

» Telle est, à mon avis, l'interprétation qu'il convient de donner à l'ar-
» ticle 46 du devis, et je ne doute pas que votre demande en indemnité ne
» fût, quant au fond, repoussée par l'Administration supérieure. Le dom-
» mage, d'ailleurs, est-il réel? Il résulterait des observations consignées dans
» la lettre de M. l'Ingénieur ordinaire Allard, en date du 1ᵉʳ mars 1862 que
» *le remblai a marché aussi régulièrement que possible depuis le moment où le*
» *mur s'est trouvé assez élevé pour qu'il n'y eût plus à craindre que la mer*
» *fît couler le sable sur la partie en cours d'exécution,* et, d'autre part, que
» *le prétendu retard du remblai ne vous a occasionné aucun accroissement de*
» *dépense, attendu que vous avez continué à vous servir de vos échafaudages*
» *même dans les parties où le remblai existait, parce qu'en effet, des bardages*
» *ne pouvaient être commodément opérés sur du sable fraîchement remué.* »

» En présence de dénégations aussi formelles contre lesquelles vous avez
» protesté dans votre lettre du 7 Mars, mais sans faire aucune constatation
» officielle ; en présence surtout du chiffre si exorbitant de vos réclamations
» que rien ne me paraît justifier, je ne puis que vous engager à soumettre
» votre demande en indemnité au Conseil de préfecture. »

Contrairement à l'interprétation ci-dessus faite par M. l'Ingénieur en chef
et aux allégations qui suivent cette interprétation, nous soutenons, nous,
Messieurs, que tout contrat de travaux publics est un contrat essentiellement
synallagmatique et que, conséquemment, venir dire, même dans le cas dont
il s'agit, *que les prescriptions du devis n'étaient obligatoires que pour nous
seuls, sans l'être pour l'Administration,* c'est commettre une erreur, sur le
fond du droit, qui ne saurait se comprendre. Nous soutenons de plus que *ce
n'est pas nous mais bien notre contrat,* qui avait prévu que les maçonneries
de moellons ordinaires et de moellons smillés seraient exécutés sans bardages
de matériaux ; en effet, vous avez connaissance des prescriptions de l'article 46 du devis et c'est nécessairement par suite de ces prescriptions que
les prix n° 78 et 83 du bordereau n'indiquent aucun bardage et ne tiennent
compte que de l'approche des matériaux, ainsi qu'il est facile de s'en convaincre en jetant les yeux sur les sous-détails ou renseignements qui ont

fait la base de ces prix. Enfin, nous soutenons encore que le dommage a été réel, plus considérable même que nous ne l'avons présenté, et nous offrons de le prouver par une expertise.

Il est évident, d'ailleurs, que dès-lors que l'article 46 du devis prescrivait d'exécuter les remblais *de manière que le parement du mur fût aussitôt recouvert à mesure de sa confection et échappât ainsi à une dessiccation trop rapide*, ce mode d'opérer dispensait nécessairement de tout bardage et même de tout échafaudage pour la construction; c'est donc ce mode d'opérer qui a conduit l'auteur du projet à ne comprendre dans le bordereau des prix aucune rémunération ni pour le bardage ni pour les échafaudages.

Or, MM. les Ingénieurs ayant changé, en cours d'œuvre, le mode d'exécution des remblais prévu au devis, et ayant, par le fait modifié, l'économie du projet au point qu'il nous a fallu effectuer un bardage coûteux et établir des échafaudages sur des travaux où rien de cela ne devait exister, il nous semble de la dernière évidence que nous avons droit à une légitime rémunération pour ce surcroît de travail.

Il est vrai que nous devons reconnaître avec M. l'Ingénieur en chef que nous nous sommes servis de nos échafaudages pour le bardage des matériaux, mais il est évident que si les remblais eussent été conduits comme le prescrivait le devis, nous aurions pu déposer nos matériaux sur le sable lui-même, ce qui nous aurait permis d'utiliser, pour l'œuvre des maçonneries, tout le temps de chaque marée, et d'éviter des bardages qui ne devaient point être effectués et qui ont donné lieu à des dépenses élevées, eu égard aux circonstances et à la situation des travaux.

Nous croyons donc être fondés à maintenir intégralement cette partie de nos réclamations.

6e CHEF. — *Classification des déblais. — Demande de l'application des prix du marché aux différentes classes de déblais prévues au devis et au bordereau des prix.*

Nous avons eu l'honneur, Messieurs, de vous présenter, le 8 décembre 1861, une requête spéciale aux fins ci-dessus.

M. l'Ingénieur en chef ayant reconnu qu'il était convenable de traiter cette partie de nos réclamations en même temps que les autres comprises dans la présente requête, nous y avons souscrit très-volontiers.

Nous allons donc la reproduire ci-dessous.

Cette partie de notre réclamation se divise d'ailleurs naturellement en deux articles : le premier est relatif aux déblais de l'écluse à sas; le second s'applique aux déblais du mur du nouveau quai Bonaparte.

1° ÉCLUSE A SAS.

L'article 5 du devis, ayant pour titre : *Mouvement des terres*, contient le passage suivant :

« Les fouilles seront descendues jusqu'au niveau des basses mers de vive
» eau moyenne, cotées 10^m 68^c, dans l'emplacement du sas et à l'aval, et à
» 1^m plus bas (soit à 9^m 68^c) du côté du bassin. »

L'article 45 du même devis, intitulé : *Terrassements, Déblais*, est ainsi conçu :

« Les déblais seront divisés en deux classes, savoir :

» 1° Ceux à exécuter au-dessus du niveau de la mer, cote 14^m 62^c ;

» 2° Ceux à exécuter au-dessous de ce même niveau.

» Seront payés, comme déblais de 1re classe, les déblais exécutés derrière
» les bâtardeaux ou à la marée au-dessus de la cote 14^m 62^c, et, comme dé-
» blais de 2e classe, ceux qui seront exécutés à un niveau inférieur, soit à la
» marée, soit derrière les bâtardeaux.

» Les déblais de chaque classe, etc., etc. »

Enfin, l'article 50 du même devis, portant pour titre : *Fouilles dans l'en-ceinte et entre les pieux et palplanches au-dessous des basses mers de vive eau moyenne* (cotées 10^m 68^c à l'article 5 précité), contient les dispositions suivantes :

« Moyennant le prix porté au bordereau, l'entrepreneur fera le piochage
» quand il sera nécessaire et l'extraction des déblais de toute nature, tuf,
» vase, etc. qu'il rencontrera. Il fera toutes les fournitures et main-d'œuvre
» pour aveugler les fuites le long des pieux et palplanches; mais les accorages
» qu'il pourrait y avoir lieu d'établir pour empêcher les panneaux de pal-

» planches de se renverser dans les fouilles seront payés par voie de régie, à
» moins qu'ils ne soient rendus nécessaires par l'imperfection du battage,
» auquel cas, ils constitueront une charge de l'entreprise. »

Puis, le bordereau qui forme avec le devis le contrat synallagmatique résultant de l'adjudication du 10 Septembre 1859, puisqu'il y est formellement spécifié *que les prix qu'il contient dans sa deuxième colonne sont ceux sur lesquels porte le rabais de ladite adjudication et qui doivent servir au règlement des comptes de l'entreprise*, ce bordereau, disons-nous, contient les prix applicables, savoir :

1° Aux fouilles dont il est fait mention aux articles 5 et 45 du devis, savoir :

Première classe, comprenant tous les déblais à exécuter au-dessus des marées moyennes, autrement dit, au-dessus du niveau moyen de la mer, coté 14^m 62^c et payée, suivant la nature des déblais, aux prix des n°s 7, 9, 11 et 13 du bordereau.

Deuxième classe, comprenant tous les déblais à exécuter au-dessous des marées moyennes, c'est-à-dire au-dessous de la cote 14^m 62^c, entre cette cote et le niveau des basses mers de vive eau moyennes, cotées 10^m 68^c, dans l'emplacement du sas ainsi qu'à l'aval, et 9^m 68^c, soit un mètre plus bas, du côté du bassin ; ladite deuxième classe payée, suivant la nature des déblais, aux prix des n°s 8, 10, 12 et 14 du bordereau.

2° Aux fouilles qui ont motivé l'article 50 du devis, c'est-à-dire à celles *à exécuter dans l'enceinte et entre les pieux et palplanches au-dessous du niveau des basses mers de vive eau moyennes, cotées comme ci-dessus* 10^m 68^c et 9^m 68^c, fouilles payées au prix unique du n° 51 du bordereau.

En présence de dispositions si claires et si précises, il est difficile de croire que leur application ait pu donner lieu à des discussions qui sont encore pendantes ; c'est cependant ce qui existe, et cela, par les motifs qui vont suivre.

En cours d'exécution des ouvrages, M. l'Ingénieur des travaux, agissant en vertu de l'article 7 des clauses et conditions générales et de l'article 73 du devis de l'entreprise, prescrivit, par sa lettre du 26 Octobre 1860, de régler à la cote 9^m 50^c le niveau qui devait être donné au plafond des fouilles de l'écluse.

Et, à la suite de cet ordre, M. l'Ingénieur nous manifesta l'intention où il

7

était d'appliquer aux déblais compris entre les hauteurs $10^m\,68^c$ et $9^m\,50$, un nouveau prix à composer conformément aux prescriptions de l'article 22 des clauses et conditions générales.

Mais nous, Messieurs, considérant que notre marché divisait nos déblais en trois catégories parfaitement distinctes, savoir :

1° Les déblais à faire au-dessus de la cote $14^m\,62^c$;

2° Ceux à exécuter entre les cotes $14^m\,62^c$ et $10^m\,68^c$;

3° Enfin, ceux à faire au-dessous de cette dernière cote et que des prix distincts avaient été fixés, pour chacune de ces catégories, selon la nature du sol, tant au bordereau des prix qu'au détail estimatif de l'entreprise ; que c'était même sur ces prix distincts que portait le rabais de notre adjudication ; nous nous empressâmes d'écrire à M. l'Ingénieur pour lui demander quels pouvaient être les motifs qui lui paraissaient pouvoir justifier l'intention qu'il avait émise de modifier les conditions de notre marché, en ce qui concernait le prix des fouilles au-dessous de la cote $10^m\,68^c$.

Notre lettre portait la date du 3 Novembre 1860.

Le 18 Novembre suivant, M. l'Ingénieur nous fit l'honneur d'une réponse contenant les explications demandées.

Dans cette lettre, M. l'Ingénieur a reconnu que les prix du bordereau et du détail estimatif ne pouvaient varier pour les déblais exécutés jusqu'à la cote $10^m\,68^c$; mais il a prétendu que l'Administration ayant le droit, d'après le devis et les clauses générales, de modifier les dimensions des ouvrages et d'abaisser, dans l'intérêt des travaux, les plafonds des fouilles, elle avait également le droit d'imposer aux entrepreneurs le règlement de nouveaux prix pour l'exécution des déblais, par application des dispositions de l'article 22 des clauses et conditions générales.

Cependant, Messieurs, l'article 22 des clauses et conditions générales ne s'applique, en réalité, qu'aux ouvrages imprévus. Or, est-il le moins du monde question d'ouvrages imprévus dans le cas dont il s'agit ?

Évidemment non.

Quels étaient les travaux prévus au devis au-dessous de la cote $10^m\,68^c$?

Des fouilles dans l'enceinte et entre pieux et palplanches.

Quels étaient les travaux à exécuter au-dessous de la même cote d'après l'ordre du 26 octobre 1860?

Également des fouilles dans l'enceinte et entre les pieux et palplanches.

En sorte que les déblais pour lesquels M. l'Ingénieur veut absolument fixer un nouveau prix sont précisément au nombre de ceux prévus à l'article 50 du devis, et auxquels le bordereau affecte le prix n° 51.

Et pourquoi M. l'Ingénieur veut-il fixer ce nouveau prix?

Parce qu'il a arrêté le niveau du plafond des fouilles à la cote 9^m 50^c, c'est-à-dire à 1^m 18^c au-dessous de la cote 10^m 68^c, tandis qu'il a fixé le niveau du battage des pieux à la cote 10^m 00^c.

Mais il est évident que tous les ordres de l'espèce, bien que modifiant les prévisions du contrat, ne sauraient exercer la moindre influence sur les prix fixés au bordereau et au détail estimatif pour chacune des trois catégories, ou plutôt des trois couches de déblais déterminées au devis, sans que l'Administration revienne, par le fait, sur les prix par elle consentis, et ce, en violation de l'article 11 des clauses et conditions générales.

Cependant, M. l'Ingénieur a insisté; il a soutenu, et il soutient encore qu'ayant le droit de régler le niveau du plafond des fouilles à la cote 9^m 50^c, comme elle l'a fait, l'Administration a également le droit de considérer comme *travail imprévu* les déblais à faire entre cette cote et celle 10^m 68 qui n'est autre que le niveau des basses mers de vive eau moyennes; et ce, malgré les dispositions si formelles de l'article 50 du devis qui constituent évidemment un forfait dans le sens le plus absolu du mot.

Nous ne saurions comprendre, Messieurs, comment une semblable prétention pourrait avoir le moindre fondement. Elle est effectivement tout-à-fait contraire aux conditions et stipulations de notre contrat qui ne reconnaissent, nous le répétons, que trois catégories de déblais dans l'entreprise, à chacune desquelles le bordereau et le détail estimatif de ladite entreprise ont affecté un prix distinct et auxquelles, conséquemment, il ne saurait être touché, en rien que ce soit, sans revenir sur les prix du marché par une violation des dispositions de l'article 11 des clauses et conditions générales.

M. l'Ingénieur considère ensuite que la fixation du niveau de l'écluse à la cote 9^m 50^c et celle du niveau du battage des pieux à la cote 10^m ont rendu plus facile l'exécution des fouilles entre les cotes 10^m 68^c et 9^m 50^c, et que

l'Administration est, dès-lors, fondée à diminuer, pour ces fouilles, le prix
prévu au marché, proportionnellement aux facilités d'exécution qui, d'après
elle, ont été la conséquence de l'ordre du 26 Octobre 1860.

C'est là une opinion que nous devons respecter, mais que nous ne saurions
partager, attendu qu'elle repose sur une erreur matérielle. Nous soutenons,
en effet, que l'ordre ci-dessus cité ne nous a procuré aucune espèce de facilité pour l'exécution des fouilles entre les cotes 10^m 68^c et 9^m 50^c.

Et, en admettant même que cette facilité ait réellement existé, nous soutenons encore que les dispositions si claires et si précises du devis s'oppose-
raient invinciblement à l'interprétation à laquelle s'est arrêté M. l'Ingénieur.
Il est effectivement de la dernière évidence que si l'on rapproche les articles
5 et 50 dudit devis, on reconnaît aussitôt que tous les déblais à faire *dans
l'enceinte de l'écluse et entre les pieux et palplanches, au-dessous de la cote
10^m 68^c, niveau des basses mers de vive eau moyennes* doivent nous être payés,
à forfait, quelle que soit leur nature, au prix fixé par le n° 51 du bordereau.

Or, le devis forme, avec le bordereau et le détail estimatif, la loi du marché passé entre l'Administration et nous, et ce marché ne pourrait évidemment être modifié que du consentement unanime des parties contractantes.

Dès que nous connûmes les intentions de M. l'Ingénieur que nous venons
d'exprimer ci-dessus, nous nous empressâmes d'en référer à M. l'Ingénieur
en chef pour qu'il voulût bien intervenir dans la difficulté et la résoudre par
application des dispositions de l'article 30 des clauses et conditions générales.

A cet effet, nous lui avons exposé, dans un mémoire portant la date du
5 Décembre 1860, toutes les considérations que nous venons de développer.

Mais M. l'Ingénieur en chef a été lui-même d'avis, dans sa réponse en date
du 25 avril 1861, qu'il y avait lieu d'établir de nouveaux prix, savoir :

« 1° Pour les déblais à exécuter, avant le battage des pieux et palplanches
» et entre les cotes 10^m 68^c et 9^m 50^c, dans le sas de l'écluse ainsi qu'à
» l'aval ;

» 2° Pour les déblais à exécuter, dans les mêmes conditions, mais entre les
» cotes 9^m 68^c et 9^m 50^c, à l'amont de l'écluse ;

» 3° Pour les déblais à exécuter, au quai Bonaparte, entre les files de pieux
» et palplanches, depuis la cote 12^m 28^c jusqu'à la cote 10^m 68^c. »

Ainsi, Messieurs, M. l'Ingénieur en chef soutient que par ces mots de l'article 50 du devis : *Fouilles dans l'enceinte et entre les pieux et palplanches au-dessous des basses mers de vive eau moyennes cotées* 10^m 68^c, on doit nécessairement entendre que les fouilles mentionnées à cet article devaient absolument être exécutées *après* et non *avant* le battage des pieux et palplanches.

Il nous est impossible de comprendre ainsi cette disposition de notre marché.

Nous devons faire remarquer d'ailleurs que si cette interprétation du devis pouvait être acceptée, c'est qu'elle aurait été dans les idées de l'auteur du projet et dans l'esprit du contrat.

Or, ce qui prouve qu'il n'en est point ainsi, c'est que le bordereau des prix et le détail estimatif ne font aucune espèce de distinction entre les déblais à faire *après* le battage et ceux à faire *avant* ce même battage.

Le devis (articles 5, 45 et 50) admet trois couches de déblais, ni plus ni moins : la première et la seconde, à payer suivant leur nature constatée en cours d'œuvre ; la troisième, au contraire, à payer suivant un prix invariable quelles que pûssent être la nature et la dureté du sol.

1° Les déblais à exécuter au-dessus du niveau moyen de la mer coté 14^m 62^c (art. 45).

2° Les déblais à exécuter au-dessous de ce même niveau (même article 45) jusqu'au niveau des basses mers de vive eau moyennes, cotées 10^m 68^c, dans l'emplacement du sas de l'écluse et à l'aval, et 9^m 68^c, à l'amont (art. 5.)

3° Les déblais dans l'enceinte et entre les pieux et palplanches au-dessous des basses mers de vive eau moyennes cotées 10^m 68^c (art. 50.)

Rien ne paraît plus précis et plus catégorique, car le bordereau des prix vient confirmer entièrement les dispositions du devis en appliquant des prix spéciaux à chacune des couches de déblais ci-dessus mentionnées.

Il est donc de la dernière évidence que par ces mots de l'article 50 du devis : *Fouilles dans l'enceinte et entre les pieux et palplanches au-dessous de la cote* 10^m 68^c *dans le sas et à l'aval, et au-dessous de la cote* 9^m 68^c *à l'amont,* le devis n'a eu en vue que de définir la zone à laquelle le prix du bordereau serait applicable au-dessous des cotes ci-dessus relatées, soit que le déblai fût exécuté avant le battage, soit qu'il fût exécuté après ce même battage.

Une des raisons de M. l'Ingénieur en chef est celle-ci :

« En fait, les fouilles de l'écluse ont été descendues à la cote 9^m 50^c, avant
» le battage des pieux et palplanches. Vous ne contestez pas aux ingénieurs
» le droit qu'ils avaient de faire cette modification, droit qui résulte des
» clauses générales et de l'article 73 du devis. »

Mais, Messieurs, les clauses générales et l'article 73 du devis ne donnent
à personne le droit de qualifier du nom de *travail imprévu* et surtout de
considérer, comme étant réellement un travail imprévu, l'exécution de tout ou
partie des déblais de notre entreprise. En effet les déblais dont il s'agit, constituent une partie essentielle de l'objet de notre contrat et cette partie essentielle y a été subdivisée en trois catégories parfaitement distinctes et à chacune desquelles il a été affecté, comme il a été dit ci-dessus, des prix parfaitement distincts par le bordereau des prix et le détail estimatif sur lesquels
a été calculé le rabais de notre adjudication.

Ensuite, l'article 73 du devis qui contient les dispositions suivantes : « Les
» ingénieurs pourront, sans qu'il en résulte aucun droit à indemnité
» pour l'entrepreneur, supprimer tout ou partie des files de pieux et pal-
» planches et modifier les formes et dimensions des diverses parties des ou-
» vrages, aussi bien que les dosages des matières qui entrent dans les mor-
» tiers et bétons, » l'article 73 du devis stipule expressément que : « Dans
» tous les cas (de ces modifications), les prix fixés pour les diverses mains-
» d'œuvre demeureront essentiellement invariables. »

MM. les Ingénieurs trouvent peut-être que les prix que le bordereau et le
détail estimatif ont affecté aux fouilles à faire au-dessous de la cote 10^c 68^c,
dans le sas et à l'aval, et au-dessous de la cote 9^m 68^c à l'amont, est trop
avantageux pour les entrepreneurs ; ils veulent peut-être, par ce seul motif,
arriver à réduire ce prix.

Ils voudraient donc déchirer le contrat qui existe entre l'Administration
et nous !

Cependant, MM. les Ingénieurs ne peuvent ignorer qu'aux termes de
l'article 50 du devis, les entrepreneurs sont tenus, moyennant le prix spécifié
dans le dit article, « de faire le piochage, quand il sera nécessaire, et l'ex-
» traction, des déblais de toute nature : tuf, vase, etc., etc., qu'ils rencon-
» treront, » et en outre, de supporter à leurs frais toutes les sujétions énu-
mérées audit article 50.

Et si, au lieu de déblais d'une difficulté ordinaire, nous avions rencontré dans ces fouilles un rocher compact d'une nature exceptionnelle ainsi que d'une dureté au-dessus de toute prévision, aurions-nous été fondés à nous plaindre et à demander un nouveau prix ?

Évidemment non.

Dans ce cas, en effet, MM. les Ingénieurs n'auraient pas manqué de nous répondre en nous opposant l'article 50 du devis qui stipule formellement *que le prix affecté à la portion des fouilles dont il est fait mention doit s'appliquer à toutes les natures de déblais et à toutes les sujétions à résulter des palplanches, quelles qu'elles puissent être.*

Et c'eût été avec raison que MM. les Ingénieurs eussent agi ainsi ; car, il est évident, par les termes mêmes de l'article 50 que le prix qui y est mentionné comprend le prévu et l'imprévu ; d'où il suit incontestablement qu'il constitue un véritable forfait et qu'il ne peut varier, ni en plus, ni en moins, aux termes du droit commun et aux termes du devis lui-même, articles 50 et 73.

Quant à cet article 73, nous venons de démontrer tout-à-l'heure qu'il prouve tout le contraire que ce qui en a été déduit pas M. l'Ingénieur en chef ; nous ajouterons, d'ailleurs, que puisqu'il résulte de cet article que les modifications introduites dans les travaux par MM. les Ingénieurs ne peuvent nous donner aucun droit à indemnité, il en résulte également, par compensation, qu'elles ne peuvent donner droit à aucune indemnité en faveur de l'Administration.

Or, ce serait réellement une indemnité que l'Administration voudrait s'attribuer à elle-même, à raison de ce qu'il lui a convenu d'abaisser le plafond de l'écluse à la cote 9ᵐ 50ᶜ, et de fixer le battage des pieux et palplanches à la cote 10ᵐ 00ᶜ; mais le droit commun et le contrat lui-même s'opposent invinciblement à ce qu'il en soit ainsi.

En effet, elle ne saurait être admise à revenir sur les prix consentis.

Et, comme le devis n'a prévu que deux classes de déblais, jusqu'à la cote 10ᵐ 68ᶜ, et une troisième classe de déblais, comprenant tous ceux à exécuter au-dessous de la cote 10ᵐ 68ᶜ, il est évident que MM. les Ingénieurs ne sauraient être admis à créer une quatrième classe de déblais, intermédiairement à celles prévues, à laquelle il serait appliqué un nouveau prix.

Quant à nous, nous devons nous y opposer par toutes les voies du droit
et de l'équité.

L'Administration agirait-elle ainsi, si, contrairement à ce qui a eu lieu,
elle avait fixé le plafond des fouilles à la cote 11^m 68^c, par exemple, et le
niveau du battage à la cote 11^m 00^c ? Dans ce cas, aurait-elle spontanément
offert aux entrepreneurs un fort supplément de prix pour les fouilles exécutées au-dessous de ces cotes ?

Nous ne saurions l'admettre, en présence des dispositions si formelles de
notre devis.

Nous ne pouvons donc comprendre, nous le répétons, l'interprétation que
font MM. les Ingénieurs de ces mêmes dispositions.

M. l'Ingénieur en chef voit d'ailleurs une contradiction entre les articles
5 et 50 de notre devis : 1° parce que l'article 5 indique clairement que, pour
une partie des déblais (ceux de l'écluse, tête amont), le prix des fouilles ordinaires sera appliqué jusqu'à 1^m en contrebas des basses-mers de vive eau
moyennes cotées 10^m 68^c ; 2° parce que l'article 50 ne fait réellement mention que du niveau même des basses mers, coté comme ci-dessus 10^m 68^c.

« Ce qui prouve, jusqu'à l'évidence, ajoute-t-il, que ce dernier niveau
» n'a été indiqué à l'article 50 que comme une limite supérieure au-dessus
» de laquelle le prix de 3^f 47^c n'était plus applicable, etc. »

Les termes seuls des articles 5 et 50 excluent formellement la prétendue
contradiction signalée.

Qu'y a-t-il d'étonnant, d'ailleurs, à ce que l'article 5 du devis contienne
une exception à la règle générale, et ce, spécialement pour la tête amont
de l'écluse ?

Au lieu d'y voir une contradiction, on doit, au contraire, puiser dans cette
exception la certitude que l'auteur du projet n'a voulu qu'il ne fût dérogé à
la règle générale qu'en faveur de la tête amont de l'écluse.

Partout ailleurs, cette règle doit donc être strictement observée.

Le devis a qualifié de déblais ordinaires, tous ceux compris au-dessus de
la cote 10^m 68^c, à l'exception de la tête amont de l'écluse où cette cote a été
fixée à 9^m 68^c, et de déblais extraordinaires, tous ceux à faire au-dessous de
la cote 10^m 68^c, sauf ceux de la tête amont comme ci-dessus. Les prescriptions du devis, qui sont la loi des parties, ne sauraient donc être méconnues

sans altérer, à notre préjudice, toutes les bases des calculs à l'aide desquels nous avons supputé et établi le rabais de notre adjudication.

Enfin, Messieurs, M. l'Ingénieur en chef ajoute :

« Pour le quai Bonaparte auquel s'appliquent, comme à l'écluse, les disposi-
» tions des articles 45 et 50 du devis ainsi que les divers prix du borde-
» reau, on a stipulé, article 21 du devis : que les pieux et palplanches se-
» raient arrasés à différentes hauteurs, savoir : à la cote 12ᵐ 28ᶜ
» sur 263ᵐ de longueur, à la cote. 11ᵐ 28ᶜ
» sur 200ᵐ, de longueur, et à la cote 10ᵐ 68ᶜ
» sur 80ᵐ, il y aurait donc, encore ici, désaccord entre les termes des arti-
» cles 21 et 50 du devis, et j'y vois une nouvelle preuve que le devis
» n'a pas établi la cote, 10ᵐ 68ᶜ comme une ligne de démarcation inva-
» riable etc. »

Nous devons vous prier de remarquer, Messieurs, que l'article 21 du devis ne parle aucunement de la hauteur à laquelle devaient être arrasés les pieux et palplanches. Il suffit de lire cet article pour se convaincre que les hauteurs citées ci-dessus n'indiquaient que les hauteurs présumées des fon-dations des trois parties du mur. Quant au niveau du battage des pieux et palplanches, rien n'était donc déterminé au devis, et ce niveau devait être fixé en cours d'œuvre par MM. les Ingénieurs, comme pour l'écluse, c'est-à-dire : suivant les besoins des travaux.

Il n'existe donc aucun désaccord entre les articles 21 et 50 du devis.

Enfin, il ne s'agit ici que de la classification des déblais prévue par le contrat, c'est-à-dire, par le devis et le bordereau des prix qui sont, nous le répétons encore, la loi qui régit les parties. Or, dès-lors qu'il n'est dit nulle part, dans le contrat, que la classification des déblais prévue au devis et au bordereau des prix, ainsi qu'au détail estimatif, pourra être modifiée au gré de l'Administration, selon qu'il lui conviendra de surhausser ou d'abaisser le niveau du battage des pieux et palplanches, il demeure évident que toutes les différences de hauteurs qui ont pu être ordonnées pour le niveau de ce battage n'ont pu entraîner la création d'une nouvelle classe de déblai et l'é-tablissement d'un nouveau prix.

Quant à l'assertion de M. l'Ingénieur en chef consistant à dire : « qu'en
» fait, on avait prévu que tous les déblais à exécuter avant le battage des
» pieux et palplanches seraient payés aux prix des déblais ordinaires, *quelle*

8

» que fût la hauteur du plan d'arrasement des liernes, et que toutes les
» fouilles, dans les enceintes de pieux et palplanches, seraient payées au
» prix du n° 51 du bordereau, » la lecture seule de l'article 50 du devis et
du n° 51 précité du bordereau démontre, jusqu'à la dernière évidence, que
cette prévision n'a jamais existé, ni en fait ni en droit.

Ce qui le démontre encore, c'est la quantité de déblai qui figure au détail
estimatif comme devant être exécutée au-dessous de la cote 10ᵐ 68ᶜ. Cette
quantité est de 17,765ᵐ 56ᶜ cubes auxquels se trouve appliqué le prix de
3ᶠ 47ᶜ du n° 51 du bordereau.

Au reste, si la prévision dont parle M. l'Ingénieur en chef eût réellement
existé, en fait, comme il paraît l'affirmer, il est évident, 1° que le devis n'aurait pas divisé les fouilles en trois catégories générales, en les distinguant
toutes, même celle qui fait exception, par des niveaux parfaitement définis
au moyen de chiffres indiquant les hauteurs en mètres et centimètres, et ce,
sans subordonner ces hauteurs à celle du battage des pieux, tandis qu'il n'en
est pas dit un mot ; 2° que le bordereau n'aurait pas contenu des prix distincts pour les trois catégories prévues et surtout le prix n° 51 qui demeu-
rait invariable, aux termes de l'article 50 du devis, quelle que fût la nature
de déblai rencontrée au-dessous de la cote 10ᵐ 68ᶜ.

2° MUR DE QUAI.

Nous faisons les mêmes observations et les mêmes réclamations que ci-
dessus en ce qui concerne les fouilles du mur de quai.

Nous en ajoutons même quelques autres qui nous ont été suggérées par
l'examen de nos situations.

Ainsi, Messieurs, par une lettre que nous avons écrite à M. l'Ingénieur
des travaux, le 23 Avril 1861, nous avons protesté contre la classification
des fouilles de la première partie du mur de quai, telle qu'elle avait été ins-
crite sur le carnet de M. le Conducteur.

En conséquence, nous avons alors demandé : *d'abord*, que le cube total inscrit
fût augmenté du volume donné par les pieux et palplanches, attendu que le
calcul des profils levés contradictoirement avait accusé une augmentation de
103ᵐ 92ᶜ qui, à raison de 1ᶠ 53ᶜ l'un (n°ˢ 4 et 14 du bordereau), produisent
une somme de. 159ᶠ 00ᶜ
ensuite, que le cube des déblais exécutés au-dessous de la cote

A reporter. 159ᶠ 00ᶜ

10ᵐ 68ᶜ fût séparé du volume total des déblais de cette partie du mur, pour qu'il pût y être appliqué, comme de droit et de justice, le prix de 4ᶠ 71ᶜ, résultant des nᵒˢ 4 et 51 du bordereau.

Enfin, comme le volume des déblais exécutés sur ce point, au-dessous de la cote 10ᵐ 68ᶜ, et entre pieux et palplanches, s'élève incontestablement à 1,032ᵐ 46ᶜ, et que ce volume nous avait déjà été compté à raison de 1ᶠ 53ᶜ l'un, nous nous sommes bornés à demander qu'il nous fût tenu compte de la différence existant entre 1ᶠ 53ᶜ et 4ᶠ 71ᶜ, soit 3ᶠ 18ᶜ qui, appliqués aux 1,032ᵐ 46ᶜ de déblais ci-dessus, produisent une somme de   3,283 03

Ces réclamations étaient évidemment fondées en droit et en équité; cependant, elles n'ont point été admises par les considérations que nous venons de discuter en parlant des déblais de l'écluse.

Par une autre lettre également adressée par nous à M. l'Ingénieur des travaux, sous la date du 28 Février 1862, nous avons aussi protesté contre la classification des déblais des 2ᵉ et 3ᵉ parties du mur de quai.

Nous avons exposé d'abord que le volume total des fouilles, pour ces deux parties, était de 11,333ᵐ 58ᶜ
et que, par suite, nous ne pouvions accepter
la quantité de 11,208 24

seulement, comptés au carnet de M. le Conducteur, d'où une différence de cube de . .   125ᵐ 34ᶜ

correspondant au volume déplacé par les bois de fondation.

Nous avons donc demandé que les déblais dont il s'agit fussent, conformément aux conditions de notre contrat, classés comme suit :

Report. . . . . 3,442^f 03^c

Savoir :

1,297^m 48^c de déblais vaseux à 1^f 53^c l'un (n°s 4 et et 14 du
bordereau).. . . . .   1,995^f 14^c

2,579   42   de déblais de vase durcie , tenant
le milieu entre les déblais vaseux
et ceux d'argile compacte, à 1^f 965
l'un (n°s 4, 10 et 14 du bordereau).. . . . .   5,068 56

4,783   89   de déblais d'argile compacte, à 2^f
40^c l'un (n°s 4, 10 et 14 du bordereau). 11,481 34

2,672   79   de déblais au-dessous de la cote

10^m 68^c entre pieux et palplanches
à 4^f 71^c l'un (n°s 4 et 51 du bordereau). 12,588 84

11,333^m 58^c TOTAL. . . . . 31,133^f 88^c

tandis que l'on ne nous comptait, pour ces
mêmes travaux , que :

3,877^m 00^c cubes de déblais vaseux à 1^f 53^c
l'un, ci . . . . . . 5,931^f 81^c

6,769   23   cub. de déblais d'argile compacte à 2^f 40
l'un, ci. 16,246 15

562   01   cubes de déblais au-
dessous de la cote
10^m 68^c et entre
pieux et palplanches
à 4^f 71^c l'un , ci . . 2,647 07

11,208^m 24e TOTAL. . . . 24,825^f 03^c 24,825 03

D'où, à notre préjudice, une différence de   6,308^f 85^c 6,308 85

qui, ajoutée à celle relevée ci-dessus pour la première partie
du mur de quai, donnait un total de. . . . .   9,750^f 88^c

Nous avons réclamé cette somme sur les travaux mêmes et pendant leur exécution; mais MM. les Ingénieurs, persistant dans l'interprétation qu'ils ont faite des clauses de notre contrat, nous ont constamment opposé une fin de non-recevoir basée sur cette fausse interprétation; ils ont même soutenu que l'article 45 du devis était contraire à notre demande.

Nous ne saurions être de cet avis, attendu que le devis ne stipule nulle part que les quantités d'ouvrages y étaient déterminées à forfait, et qu'il dispose formellement, au contraire, *que les métrages des déblais se feront sur profils levés contradictoirement avant et après l'exécution des fouilles ou excavations* (art. 45). Enfin, il est de jurisprudence constante que les quantités d'ouvrages portées au détail estimatif ne donnent aucun droit, ni à l'entrepreneur, ni à l'Administration, en ce qui concerne les quantités de travaux véritablement exécutés.

En conséquence, Messieurs, nous persistons entièrement à demander qu'il nous soit alloué, pour nos déblais de 3e catégorie, écluse et mur de quai, autrement dit : pour les déblais exécutés au-dessous de la cote 10^m 68^c, sauf l'exception relative à la tête amont de l'écluse, les prix qui nous sont dus, tels qu'ils résultent d'ailleurs de la saine interprétation de notre contrat et de sa légitime application.

Notre réclamation ci-dessus, relative aux déblais de 3e catégorie du mur de quai, a été, comme toutes les autres, soumise à la haute appréciation de M. l'Ingénieur en chef.

Voici ce qui nous a été répondu, à cet égard, à la date du 3 Mars dernier :

« J'ai déjà répondu, dans une lettre du 25 Avril 1861, aux observations « que vous avez présentées sur le mode de classification des déblais de « l'écluse. L'affaire est, en ce moment, soumise au Conseil de Préfecture, « et, comme la tentative de transaction que j'ai faite dernièrement près de « M. Peccadeau est restée sans résultat, c'est au Conseil de Préfecture que « j'aurai maintenant à soumettre des propositions. Les deux chefs de récla- « mation relatifs à la classification des déblais de l'écluse et du quai Bona- « parte ont, d'ailleurs une telle connexité qu'ils devront être l'objet d'un « même arrêté. »

C'est ce que nous avons parfaitement compris; aussi, avons-nous groupé ci-dessus les deux chefs dont il s'agit, et les soumettons-nous, Messieurs, à votre décision sous un seul et même chef, le sixième de la présente requête.

Quant à la transaction qui a été tentée par M. l'Ingénieur en chef auprès de l'un de nous, M. Peccadeau, croyez bien, Messieurs, qu'elle aurait été acceptée avec reconnaissance, si les offres qui nous ont été faites avaient seulement couvert nos dépenses.

7ᵉ CHEF. — *Dosage du mortier dans la construction des maçon-neries de remplissage et des maçonneries de moellons smillés, tant de l'écluse que du quai Bonaparte.*

Le procès-verbal de notre adjudication contient la disposition qui suit :

« Avant l'adjudication des travaux, M. l'Ingénieur en chef du service ma-
» ritime a fait observer que *toutes les matières seraient dosées au volume et*
» *non au poids;* les poids des ciments n'étant indiqués qu'à titre de renseigne-
» ment. »

Vient ensuite le bordereau des prix, qui est incontestablement lui-même l'une des pièces fondamentales de notre marché et qui contient, aux nᵒˢ 83 et 78, les énonciations qui suivent :

« Nᵒ 83. — Prix d'un mètre cube de maçonnerie de remplissage (1ᵐ 10
» de moellons et 0ᵐ 33ᶜ de mortier de ciment à prise lente, 2ᵉ espèce) pour
» toutes fournitures et main-d'œuvre 20ᶠ 65ᶜ

» Nᵒ 78. — Prix d'un mètre cube de maçonnerie de parements en moel-
» lons smillés de 0ᵐ 35ᶜ d'épaisseur, avec chemise en maçonnerie de moel-
» lons ordinaires de 0ᵐ 45ᶜ (en tout, 0ᵐ 80ᶜ d'épaisseur) et mortier de
» ciment à prise lente de 1ʳᵉ espèce (0ᵐ 24ᶜ de mortier pour 0ᵐ 80ᶜ d'épais-
» seur, 0ᵐ 30ᶜ de mortier par mètre cube), pour toutes fournitures et main-
» d'œuvre. . . . . 30ᶠ 82ᶜ »

Enfin, le devis, qui fait, avec le procès-verbal d'adjudication et le bor-dereau des prix, la loi qui régit les parties, détermine, aux articles 57 et 58, le mode d'exécution de la maçonnerie ordinaire et de la maçonnerie en moël-lons smillés. Ces articles disposent, notamment, que, « tous les moellons
» seront posés à plein bain de mortier, de sorte qu'il ne reste point de vide
» dans les intervalles subsistant entre les moellons, et que ceux-ci ne se

» touchent jamais directement. Chaque moellon, y est-il dit encore, sera
» fortement tassé après avoir été mis en place, et le mortier trop abondant
» devra refluer de toutes parts. »

Partant de ces dispositions, nous avons voulu tout naturellement exécuter
les maçonneries dont il s'agit avec les quantités de mortier qui étaient indiquées au bordereau des prix; mais MM. les Agents de l'Administration s'y
sont opposés; ils ont défendu tout mesurage dudit mortier, préalablement à
l'exécution des maçonneries, et ils ont contraint nos maçons à employer,
dans lesdites maçonneries, des quantités de mortier bien supérieures à celles
prévues.

Cette manière d'agir a aussitôt éveillé notre attention; nous avons donc fait
des expériences, et comme elles nous donnèrent la conviction que l'on nous
forçait ainsi à employer $0^m 43^c$ cubes de mortier par mètre cube de maçonnerie ordinaire, au lieu de $0^m 33^c$ cubes qui étaient seulement exigés par le
bordereau des prix, nous nous empressâmes d'écrire à M. l'Ingénieur des
travaux pour lui signaler le fait et lui demander des expériences contradictoires.

Notre lettre, datée du 26 Octobre 1861, motiva celle de M. l'Ingénieur des
travaux du 30 du même mois.

Dans cette lettre, M. l'Ingénieur, après avoir établi qu'il nous avait entendu quelquefois parler du fait dont il s'agit, mais que nous n'avions jamais
demandé officiellement à ce qu'il fût procédé à un dosage contradictoire des
mortiers et que, conséquemment, il n'avait pu s'occuper d'une réclamation
qui n'avait point été produite, M. l'Ingénieur *soutint qu'il était possible, avec
les précautions nécessaires pour serrer et caler les maçonneries, de faire une
maçonnerie ordinaire pleine qui ne contînt, par mètre cube, que* $0^m 33^c$ *cubes
de mortier*, d'où il arrivait à conclure que notre réclamation était sans fondement.

Si M. l'Ingénieur des travaux se fût borné à cette réponse, nous lui aurions aussitôt représenté que tout notre désir était de lui prouver, de manière
à éloigner toute espèce de doute, que ce qu'il croyait possible était réellement
tout-à-fait impossible, et, dans ce but, nous nous serions bornés nous-
mêmes à insister vivement pour obtenir les expériences contradictoires par
nous demandées; mais M. l'Ingénieur transforma en même temps la question
de fait en question de droit et il arriva ainsi à soutenir *qu'il était tout-à-fait
inutile de faire toutes ces expériences, car*, ajouta-t-il, *alors même que l'impossibi-*

lité de n'employer que 0^m 33^c cubes de mortier serait démontrée, il n'admettrait
pas que les entrepreneurs pussent avoir droit à un supplément de prix.

Enfin, il termina en déclarant que sa manière de voir était irrévocable, et il nous renvoya devant M. l'Ingénieur en chef.

Nous nous empressâmes donc de soumettre la difficulté à M. l'Ingénieur en chef, et, le 18 Novembre 1861, nous lui exposâmes que des expériences plusieurs fois renouvelées, et faites par nous avec le plus grand soin, avaient clairement démontré que l'exécution des prescriptions du devis exigeaien$_t$ 0^m 43^c cubes de mortier par mètre cube de maçonnerie ordinaire, tandis que, d'après le bordereau des prix qui faisait, avec le devis, la loi des parties, cet emploi ne devait être que de 0^m 33^c cubes.

Nous ajoutions : « L'administration aurait donc formellement stipulé, d'une » part, que nous ne devions fournir que 0^m 33^c cubes de mortier par mètre » cube de maçonnerie ordinaire, et, d'autre part, que cette quantité serait » aussi grande que le comporterait l'exécution des maçonneries de l'espèce ; » et ce, sans aucune rémunération pour le supplément indispensable !

M. l'Ingénieur des travaux avait soutenu, dans sa lettre du 30 Octobre 1861, que nous devions de la maçonnerie pleine et que le mètre cube de cette maçonnerie devait nous être payé 20^f 65.

D'après lui, « l'indication insérée, entre parenthèses, dans l'énoncé du » n° 83 du bordereau, a surtout pour but d'indiquer la nature du mortier... » Quant aux quantités de 1^m 10 et de 0^m 33 (disait-il encore), elles ne son » qu'un rappel de celles qui figurent au sous-détail, rappel qui fait double » emploi, mais dont la présence, dans l'énoncé des prix, ne peut soustraire à » l'application de l'article 11 des clauses et conditions générales. »

Nous ne pouvions, Messieurs, partager cet avis de M. l'Ingénieur des travaux.

En effet, notre contrat, c'est le procès-verbal d'adjudication, le devis et le bordereau des prix. Or, le procès-verbal d'adjudication stipule formellement le dosage de toutes les matières au volume, le devis indique le mode et les précautions à suivre pour la construction des maçonneries, et le bordereau stipule les quantités de fournitures qui doivent entrer dans cette construction.

Pourrions-nous donc, sans illégalité et sans injustice, être tenus à employer des quantités de fournitures plus grandes que celles stipulées, au même prix que celui qui a été calculé dans l'hypothèse de fournitures moindres et parfaitement définies?

Nous ne saurions le croire.

M. l'Ingénieur ordinaire a cependant insisté; il a même prétendu que nous cherchions ainsi à revenir sur les prix par nous consentis.

Nous n'avons, au contraire, jamais cessé de demander le maintien des prix consentis.

En effet, le prix n° 83 du bordereau nous constitue dans l'obligation de fournir, par chaque mètre cube de maçonnerie ordinaire, 1^m 10^c de moëllons et 0^m 33^c de mortier, moyennant 20^f 65^c, y compris façon.

Eh bien! nous avons voulu remplir littéralement cette obligation, comme le prescrivait notre procès-verbal d'adjudication; mais c'est l'Administration qui n'a pas voulu; mais c'est l'Administration qui veut nous obliger, contrairement au marché, à fournir, par chaque mètre cube de maçonnerie ordinaire, 1^m 10^c de moëllons et 0^m 43^c de mortier, moyennant le même prix de 20^f 65^c, y compris façon!

C'est donc l'Administration qui cherche seule à revenir sur les prix consentis, malgré les termes si formels de l'article 11 des clauses générales.

M. l'Ingénieur ordinaire a fait remarquer que ce qui dominait la question, c'était que le devis, articles 57 et 58, stipulait que la maçonnerie devait être pleine.

Mais ces articles du devis n'indiquent aucunement les quantités de mortier à employer pour obtenir des maçonneries pleines; ces articles, encore une fois, ne sont relatifs qu'au mode d'exécution, et, pour connaître les quantités qui ont été prévues à l'effet d'obtenir ces maçonneries pleines (*quantités qui doivent être mesurées au volume*), il faut se reporter au bordereau des prix qui compose, avec le devis, le contrat synallagmatique intervenu entre l'Administration et nous. Or, le bordereau des prix stipule que les quantités de mortier à employer dans les maçonneries sont de 0^m 33^c par mètre cube de maçonnerie ordinaire, et de 0^m 30^c par mètre cube de maçonnerie en moëllons smillés.

Là se bornait donc notre engagement, tandis que, malgré cet engagement

9

on a exigé, d'après nos expériences répétées, $0^m 43^c$ cubes de mortier, dans la maçonnerie ordinaire, et $0^m 39^c$ cubes, dans celle en moellons smillés.

Toutes ces observations, Messieurs, avaient été faites à M. l'Ingénieur des travaux, mais elles ne l'ont point empêché de terminer sa lettre du 30 Octobre 1861, par les paroles qui suivent :

« Dosez vos mortiers si vous croyez être dans votre droit, je ne m'y op-
» pose nullement; mais, de mon côté, je renouvellerai mes instructions au
» Conducteur et aux Surveillants pour qu'ils exigent, avec la plus grande ri-
» gueur, que la maçonnerie soit faite à plein bain de mortier et soit parfaite-
» ment pleine; et si vous cessiez de vous conformer à cette prescription du
» devis, il ne me resterait qu'à suspendre le travail, sauf à aviser ultérieure-
» ment aux mesures à prendre. »

Nous avons donc été contraints, ainsi que nous venons de le dire tout-à-l'heure, et ce malgré les dispositions si claires et si formelles de notre marché, à exécuter nos maçonneries sans dosage préalable et contradictoire des matières entrant dans leur composition; et il en est résulté que nous avons été forcés d'employer des quantités de mortier bien supérieures à celles que nous devions et à celles qui nous ont été comptées.

Notre réclamation, adressée à M. l'Ingénieur en chef le 18 Novembre 1861, n'a, elle-même, produit aucun résultat.

En effet, dans sa réponse portant la date du 16 Mai 1862, M. l'Ingénieur en chef a reproduit les observations de M. l'Ingénieur ordinaire et s'est arrêté aux mêmes conclusions.

Il s'est d'abord refusé à toute expérience contradictoire ayant pour but d'établir, sans conteste possible, les véritables quantités de mortier qui entraient dans les maçonneries.

Il a soutenu qu'il avait ce droit, d'après les termes de notre marché. Nous soutenons tout le contraire, ainsi que nous l'avons justifié ci-dessus.

M. l'Ingénieur en chef a prétendu ensuite, comme l'avait fait M. l'Ingénieur ordinaire, que nous cherchions à revenir sur les prix consentis et que l'article 11 des clauses générales s'y opposait invinciblement.

Nous avons déjà démontré plus haut que l'article 11 est tout-à-fait étranger à la question litigieuse. En effet, nous n'invoquons aucunement les sous détails, ou renseignements, annexés au bordereau des prix de notre entreprise; nous n'y signalons aucune erreur, aucune omission; mais nous invoquons le bordereau des prix, qui est notre contrat lui-même, notamment les nos 83 et 78, où il est dit expressément que : les maçonneries ordinaires doivent être exécutées avec $0^m 33^c$ cubes de mortier par mètre cube, et les maçonneries en moellons smillés, avec $0^m 30^c$ cubes seulement ; tandis que, par une fausse interprétation du devis, articles 57 et 58, on a exigé et on exige encore $0^m 43^c$ et $0^m 39^c$ de mortier par mètre cube de maçonnerie, selon l'espèce. Enfin, nous soutenons que, dès-lors que le devis ne s'explique pas sur les quantités de mortier qui doivent entrer dans chaque espèce de maçonnerie, le devis doit être complété sur ce point par notre bordereau des prix qui fixe ces quantités à $0^m 33^c$ pour la maçonnerie en moellons ordinaires, et à $0^m 30^c$ pour celle en moellons smillés. En effet, d'une part, notre procès-verbal d'adjudication prescrit expressément le dosage de toutes les matières au volume, et, d'autre part, le bordereau des prix doit servir au règlement de nos ouvrages.

Aux termes de ces pièces, quelles sont d'ailleurs nos obligations?

Nos obligations sont d'exécuter un mètre cube de maçonnerie ordinaire avec $0^m 33^c$ de mortier, et un mètre cube de maçonnerie en moellons smillés avec $0^m 30^c$ de mortier.

Pourquoi donc, par le fait, exiger $0^m 43^c$ et $0^m 39^c$ de mortier, et ne vouloir en payer que $0^m 33$ et $0^m 30$?

Quant à nous, nous ne pouvons comprendre cette manière de procéder. Nous trouvons qu'elle blesse la justice en même temps qu'elle est tout-à-fait contraire aux dispositions de notre marché, puisque notre rabais de 8 p. cent porte sur les prix du bordereau, et que les prix dudit bordereau ne comprennent réellement, ainsi que cela y est littéralement indiqué, que la fourniture de $0^m 33^c$ de mortier pour la maçonnerie en moellons ordinaires, et de $0^m 30^c$ pour celle en moellons smillés.

On nous demande donc et on exige réellement que nous outrepassions nos obligations, sans vouloir nous rémunérer à raison de ce surcroît de dépenses.

A la vérité, M. l'Ingénieur en chef a soutenu que le bordereau des prix n'était une pièce du contrat qu'à raison de ce que *les prix désignés dans la 2e colonne étaient ceux sur lesquels portait le rabais de l'adjudication*; d'où il résultait, à son avis, que les quantités de matières qui y sont désignées ne peuvent être invoquées par nous, attendu qu'elles ne sont que la reproduction des sous-détails.

Si cette manière de voir pouvait être acceptée, elle nous conduirait à d'étranges conséquences.

En effet, en raisonnant ainsi, on arriverait à prouver, qu'en admettant le silence du devis, nous aurions été fondés à fournir, savoir :

No 35 du bordereau. — Des pieux de moins de 8m 50c de longueur, pour le prix de 75f 00

No 36 du bordereau. — Des pieux de moins de 7m 75c de longueur pour le prix de. 57f 50 ;

en un mot, que nous aurions pu restreindre, autant que l'aurait comporté notre avantage, les dimensions des fournitures indiquées aux nos 35, 36, 37, 38, 39, 40, 41, 42, 43, 44, 45, 46, 47, etc., du bordereau, sans que les prix qui figurent à ces numéros pussent être réduits en quoi que ce fût.

En raisonnant comme MM. les Ingénieurs et en admettant que le devis ne se fût pas clairement expliqué sur la composition du béton, on arriverait même à déclarer que l'on aurait été libre de le composer avec des quan-. tités à notre convenance ou à la convenance de MM. les Ingénieurs, malgré les indications du no 70 du bordereau.

Il n'est pas besoin de s'appesantir plus longtemps sur ce point pour démontrer combien cette doctrine serait subversive de toute justice et combien elle s'éloignerait des dispositions des contrats de travaux publics qui sont essentiellement synallagmatiques.

Il est donc évident que puisque le procès-verbal d'adjudication, le devis et le bordereau des prix sont le marché qui nous régit, les quantités de matières prévues audit bordereau des prix ne peuvent varier ni en plus ni en moins, par quelque motif que ce soit, sans que les prix prévus soient eux-mêmes ou augmentés ou diminués, suivant le cas.

Mais, a ajouté M. l'Ingénieur en chef, les articles 57 et 58 du devis veulent expressément que « tous les moellons soient posés à bain de mortier, » de sorte qu'il ne reste pas de vide dans les intervalles subsistant entre les » moellons et que ceux-ci ne se touchent jamais directement; que chaque » moellon sera fortement tassé après avoir été mis en place et que le mor- » tier, trop abondant, devra refluer de toutes parts. »

Cette clause du devis ne s'occupe, comme on le voit, que du mode d'exécution des maçonneries, car il n'y est pas dit un seul mot des quantités de matières dont elles doivent être composées, ce qui prouve avec la dernière évidence, qu'elle a été rédigée par les auteurs du projet dans la conviction intime que les quantités de mortier prévues au bordereau seraient suffisantes pour en assurer la stricte et complète exécution.

Or, c'est le contraire qui a lieu, nous le répétons.

Les maçonneries ont donc dû être exécutées, par l'ordre formel et impératif de MM. les Ingénieurs, dans des conditions autres que celles prévues.

Il doit donc nous en être tenu compte par application de l'article 22 des clauses générales.

M. l'Ingénieur en chef a dit encore que notre réclamation sur ce chef n'avait réellement que l'importance que nous attachons à ce que l'Administration a commis une faute en répétant, dans le bordereau des prix, les indications des sous-détails.

Nous ne voyons, dans le fait articulé, aucune espèce de faute. En effet, une faute est accidentelle. Ainsi, dans tout travail où il en existe, la faute est l'exception, tandis que, dans le bordereau des prix de notre entreprise, l'indication des quantités et des dimensions des ouvrages et fournitures a été la règle. Il suffit d'y jeter les yeux pour reconnaître que les nos des prix du bordereau donnent *tous* cette indication.

C'est d'ailleurs sur cette indication et sur les prix qui lui font suite que nous avons soumissionné. Ces indications n'ont donc pu varier, par suite de la volonté de l'Administration, sans altérer les bases du contrat à notre préjudice.

Et c'est de ce préjudice que nous demandons réparation.

M. l'Ingénieur en chef n'a pu nier ce préjudice, mais il a affirmé que les quantités de mortiers à employer dans les maçonneries, dépendaient de la nature, des dimensions et du choix des moellons ainsi que de l'habileté des maçons et du temps qu'ils mettaient à exécuter les travaux.

Quant au moellons que nous employons, ils remplissent toutes les qualités prévues par les articles 40 et 41 du devis, et ce qui le démontre, c'est que MM. les Ingénieurs ne nous ont jamais adressé, à cet égard, la moindre observation.

Quant aux maçons, nous pouvons dire que nous n'occupons que ceux qui sont réellement habiles dans leur état, attendu que nos intérêts personnels l'exigent.

Nous n'avons d'ailleurs jamais limité à nos maçons le temps durant lequel ils devaient exécuter les maçonneries ; nous nous sommes bornés à exiger qu'elles fussent exécutées avec tous les soins et toutes les précautions commandées par les règles de l'art.

Pour prouver ensuite qu'en demandant des expériences contradictoires, à l'effet d'établir, sans contestation possible, les quantités de mortier entrant réellement dans la maçonnerie en moellons ordinaires et dans celle en moellons smillés, nous nous renfermions dans la légitimité et la justice, nous avons déclaré à M. l'Ingénieur en chef que nous consentions à ce que ces expériences fussent faites par des maçons choisis par l'Administration et par nous, en nombre égal.

Mais tout nous a été refusé.

Cependant, Messieurs, il est de droit administratif (arrêt du Conseil d'Etat du 2 Juin 1853) (*Benoist*), que le devis doit être interprété par le bordereau des prix qui a remplacé le détail estimatif.

Cependant, Messieurs, il est encore de principe (arrêt du Conseil d'Etat du 7 Décembre 1850) (Soullié), que les exigences des ingénieurs, au-delà des conditions du devis (interprétées comme ci-dessus), doivent motiver une augmentation de prix en faveur de l'entrepreneur.

Dans sa lettre en date du 3 Mars dernier, M. l'Ingénieur en chef a même prétendu que la clause qu'il avait fait insérer au procès-verbal d'adjudication et portant que *toutes les matières seraient dosées au volume*, n'avait réellement qu'une importance et une application relatives. Cela peut avoir été dans la pensée de M. l'Ingénieur en chef, mais cela n'a jamais pu entrer dans la nôtre, en présence des termes si généraux et si absolus de la dite clause : *Toutes les matières seront dosées au volume*. Or, il est de la dernière évidence que le dosage des matières ne pouvait être effectué qu'avant leur emploi ; nous étions donc en droit de demander ce dosage.

Nous persistons donc à soutenir que le devis, articles 57 et 58, n'indiquant pas les quantités de mortier à employer dans les maçonneries, ces quantités devaient être celles indiquées au bordereau des prix, n°ˢ 83 et 78.

Nous persistons donc à demander des expériences contradictoires qui permettent d'établir, sans le moindre doute de part ni d'autre, les quantités de mortier que nous avons été contraints d'employer dans nos maçonneries et que nous y employons encore, au-delà des prévisions du marché, par suite de la contrainte qui nous est imposée, à moins que l'Administration ne préfère nous tenir compte de la fourniture et de l'emploi des quantités révélées par nos propres expériences qui accusent, ainsi que nous l'avons dit, une augmentation de $0^m 10^c$ cubes, dans la maçonnerie en moellons ordinaires , et une augmentation de $0^m 09^c$ cubes, dans celle en moellons smillés.

Quant à nous, Messieurs, nous croyons être fondés à demander le paiement des dites augmentations qui, évaluées d'après les prix de l'adjudication eux-mêmes, s'élèvent savoir :

1° Pour le mètre cube de maçonnerie ordinaire exécutée avec mortier hydraulique de 2ᵉ espèce, à . . . . $2^f 73^c$

2° Pour le mètre cube de maçonnerie ordinaire exécutée avec mortier et ciment à prise lente, 2ᵉ espèce . . . . $3^f 67^c$

3° Pour le mètre cube de maçonnerie en moellons smillés exécutée avec mortier et ciment à prise lente 1ʳᵉ espèce, à . . . . $4^f 97$

En effet, le prix de $0^m 10^c$ cubes de mortier hydraulique de 2ᵉ espèce est, d'après le n° 60 du bordereau, de . . . . $2^f 48$
auquel il faut ajouter la main-d'œuvre de l'emploi de ces $0^m 10^c$ cube qui peut être évaluée à . . . . $0^f 25^c$

Total égal. . . . . . $2^f 73^c$

Ensuite, le prix de $0^m 10^c$ cubes de ciment à prise lente (2° espèce) est, d'après le n° 64 du bordereau, de . . . . $3^f 42$
auquel il faut ajouter la main-d'œuvre de l'emploi comme ci-dessus. . . . . $0^f 25^c$

Total égal . . . . . $3^f 67$

Enfin, le prix de 0ᵐ 09ᶜ cubes de mortier de ciment à prise lente 1ʳᵉ espèce), est, d'après le n° 62 du bordereau, de 4ᶠ 72ᶜ

auquel il faut ajouter la main-d'œuvre de l'emploi comme ci-dessus 0ᶠ 25ᶜ

Total égal. . . . 4ᶠ 97ᶜ

Nous maintenons donc entièrement nos réclamations relatives à ce chef et, nous le répétons, nous insistons de toutes nos forces pour qu'il soit procédé, au besoin, aux expériences contradictoires que nous avons vainement sollicitées jusqu'à ce jour.

8ᵉ Chef. — *Disette des carrières indiquées au projet pour l'approvisionnement des moellons destinés aux maçonneries ordinaires.*

Les articles 40 et 57 du devis de notre entreprise ne font aucunement connaître les lieux où devaient être effectuées les extractions de moellons nécessaires pour l'exécution des maçonneries ordinaires de l'écluse et du mur de quai.

L'article 73 du devis dit seulement que , « si, pour des motifs d'économie » ou de célérité, l'Administration juge devoir, pendant la durée de l'entre- » prise, prescrire l'emploi de pierres d'autres provenances que celles indi- » quées au paragraphe III, l'entrepreneur devra se conformer aux ordres » écrits qui lui seront donnés par les ingénieurs relativement aux nouvelles » carrières. »

Et, cet article ajoute que , « les nouveaux prix à payer, dans ce cas, à » l'entrepreneur seront d'ailleurs réglés conformément aux stipulations de » l'article 9 des clauses et conditions générales. »

Mais ce même article 73 ne désigne aucunement, pas plus que tous les articles du paragraphe III lui-même, les lieux de provenance des matériaux dont il s'agit.

Pour connaître ces lieux de provenance, nous avons donc été dans la né- cessité, préalablement à l'adjudication, de consulter, sur ce point, les autres pièces du projet et c'est dans les renseignements qui ont servi de base à la composition du prix n° 19 du bordereau que nous avons appris que les moellons destinés aux maçonneries ordinaires devaient *provenir de la côte ou des carrières des environs de Boulogne, jusqu'à une distance moyenne de deux kilomètres.*

Alors, nous avons étudié les carrières et la côte qui se trouvaient comprises dans le rayon ci-dessus, et, après avoir reconnu qu'il y existait des gisements de bons matériaux, nous avons calculé notre rabais en conséquence, et l'adjudication a ensuite été tranchée en notre faveur.

Immédiatement après cette adjudication, qui eut lieu le 10 Septembre 1859, nous nous empressâmes de demander à M. le Préfet du département l'autorisation d'exploiter, pour l'exécution de nos travaux, et la côte et les carrières comprises dans le périmètre ci-dessus indiqué; mais, au lieu de nous donner cette autorisation pure et simple, ainsi que l'exigeait notre contrat, celle-ci ne nous fut accordée, par l'arrêté préfectoral du 4 Novembre 1859, que suivant des restrictions et des réserves qui ont, dès le principe, modifié profondément, à notre préjudice, la distance moyenne des carrières telle qu'elle avait été prévue à notre projet.

Cet arrêté disposait, notamment :

« Art. 3. Les concessions de portions de plages faites antérieurement pour » extraction de pierres à chaux seront respectées.

» Art. 4. Nulle extraction ne pourra être faite à moins de 300ᵐ de part et » d'autre de la gare du Portel. »

Et, il est de la dernière évidence que ces dispositions augmentaient forcément la distance moyenne de 2000ᵐ qui avait été indiquée au projet comme la limite maxima de la distance des transports.

Quoi qu'il en fut, nous nous mîmes à l'œuvre, nous espérions d'ailleurs que les dispositions ci-dessus de l'arrêté préfectoral du 4 Novembre 1859 n'exerceraient aucune influence trop fâcheuse sur nos approvisionnements.

Nous nous étions trompés.

En effet, nous eûmes bientôt épuisé les bons matériaux de la côte et des carrières où nous pouvions seulement pénétrer.

Alors, le 21 avril 1862, nous écrivîmes à M. l'Ingénieur en chef pour l'informer que nous n'avions trouvé qu'une bien faible quantité de moellons de bonne qualité, pour nos maçonneries ordinaires, dans le rayon de deux kilo-

10

mètres prévu à notre marché et que nous nous trouvions presque constamment dans l'obligation d'exploiter des côtes et des points éloignés de nos chantiers de plus de 3 kilomètres en moyenne.

Aujourd'hui même, ajoutions-nous, il y a disette complète de matériaux exempts de bousins, c'est-à-dire, de la qualité exigée par le devis, dans le rayon ci-dessus de 3 kilomètres en moyenne.

Enfin, nous demandions qu'il fût mis un terme à cette situation et que, pour cela, l'Administration voulût bien constater la disette des lieux qu'elle avait désignés et nous indiquer, elle-même, les carrières où nous devions désormais extraire les moellons destinés à nos maçonneries ordinaires, sauf à régler de nouveaux prix, pour ces matériaux, suivant les stipulations de l'article 9 des clauses générales et de l'article 73 de notre devis.

Nous ajoutions : que cette justice pouvait d'autant moins nous être refusée, que l'Administration s'était, aux termes de ce dernier article, réservé le droit de modifier le prix des matériaux, même en moins, si, par des motifs d'économie, elle venait à changer, de son propre mouvement, les lieux de provenance désignés au projet; que le contrat intervenu entre elle et nous était essentiellement synallagmatique, d'après les articles 1102 et 1708 du Code Napoléon, et que, conséquemment, elle ne pouvait nous refuser un avantage qu'elle s'était expressément réservé pour elle-même.

M. l'Ingénieur en chef nous a répondu sous la date du 16 Mai 1862.

Nous allons analyser et discuter cette réponse.

M. l'Ingénieur en chef a dit d'abord : qu'en présence du silence du devis et du bordereau des prix (l'analyse stipulant seule que les carrières n'étaient pas situées dans un rayon de plus de deux kilomètres moyennement), nous ne pouvions pas réclamer le prix réel de nos transports; que l'article 11 des clauses générales s'y opposait formellement.

Nous soutenons nous, Messieurs, que cette interprétation de notre contrat s'écarte entièrement de la justice et de la jurisprudence.

En effet, s'il existe dans les clauses générales un article 11 qui nous constitue dans l'obligation de ne pas revenir sur les prix par nous consentis, on y trouve également un article 9 qui dispose que si, *pendant le cours d'une entreprise, il est reconnu indispensable de prescrire à l'entrepreneur d'extraire des matériaux dans des lieux autres que ceux qui auraient été prévus au devis,*

*les Ingénieurs établiront de nouveaux prix d'extraction et de transport d'après
les éléments de l'adjudication.*

En présence de ces dispositions et de celles de l'article 73 de notre devis,
il y a donc justice à déclarer que si, — par suite des restrictions contenues
dans l'arrêté préfectoral du 4 Décembre 1859 et des exploitations par nous
effectuées depuis cette date jusqu'au 21 Avril 1862, jour où nous avons
officiellement réclamé à cet égard, — les lieux indiqués à notre contrat pour la
provenance des matériaux destinés aux maçonneries ordinaires ont été complètement épuisés, il doit nous être désigné de nouveaux lieux d'extraction,
et alloué de nouveaux prix d'après les éléments de notre adjudication.

Or, c'est le cas qui s'est présenté dans notre entreprise de Boulogne. Ce
cas doit donc être vérifié, constaté et reconnu par l'Administration elle-même.
C'est là une question de justice; et cette justice, nous le répétons, peut d'autant moins nous être refusée que si, par application de l'article 73 du devis,
l'Administration avait pu nous indiquer des carrières plus rapprochées, elle
s'était réservé le droit de réduire les prix de notre adjudication.

Quant à la jurisprudence, elle s'est constamment prononcée dans le sens
de nos conclusions.

En effet, tout devis doit nécessairement être complété par les indications
contenues dans les autres pièces du projet, 2 Juin 1853 (Benoist); et si, dans
le cas de désaccord entre le devis et le bordereau des prix, les indications du
devis doivent être préférées, 8 Décembre 1853 (Barras), il n'en est pas moins
vrai que lorsque les clauses du devis ne donnent pas d'explications ou ne
donnent que des explications insuffisantes, le bordereau des prix et les renseignements qui lui font suite doivent servir à en régler l'interprétation, 12
Avril 1838 (Bouteillé).

Il est évident d'ailleurs que, s'il est de principe que les conventions régu-
lières doivent tenir lieu de loi, il est également de principe que ces conventions doivent être interprétées conformément à l'intention qui a présidé à leur
rédaction.

Or, quelle est, dans le cas dont il s'agit, l'intention qui a présidé au contrat?

On ne la trouve pas dans le devis, puisque le devis ne s'explique nulle
part sur le lieu de provenance des moellons destinés aux maçonneries ordinaires; on ne la trouve pas non plus, d'une manière assez positive, dans le

n° 89 du bordereau des prix qui est ainsi conçu : « Prix d'un mètre cube de
» moellons silicéo-calcaires provenant de la côte ou des carrières des envi-
» rons de Boulogne, et rendu à pied-d'œuvre . . . .   5ᶠ 37ᶜ »
il faut donc la chercher dans les renseignements annexés audit bordereau des
prix, où il est formellement indiqué que ces moellons doivent être pris dans
un rayon de deux kilomètres en moyenne.

Enfin, comme il résulte de la jurisprudence constante du Conseil d'État :
1° qu'un entrepreneur peut demander un supplément de prix, à raison de
l'exploitation de carrières autres que celles prévues au marché, lorsqu'il
justifie avoir provoqué de l'Administration la constatation de l'insuffisance des
carrières indiquées par le marché, 8 Juin 1850 (Bernard) ; 2° que l'insuffisance des carrières prévues doit donner ouverture à indemnité, au profit de
l'entrepreneur, lorsqu'elle a été constatée contradictoirement par les Ingénieurs, 12 Janvier 1854 (Sérager) ; 3° qu'un entrepreneur qui a fait constater régulièrement l'insuffisance des carrières prévues à son marché, a droit
à une indemnité à raison de la nécessité d'exploiter de nouvelles carrières,
8 Juin 1855 (Bernard), 6 Août 1855 (Peltier et Lebreton), etc. ; nous ne com-
prenons pas que l'Administration puisse se refuser à la constatation de l'insuffisance des lieux d'extraction prévus à notre marché et se borner à écarter
notre réclamation de ce chef, par une fin de non-recevoir, en invoquant l'article 11 des clauses et conditions générales.

M. l'Ingénieur en chef a dit ensuite qu'il fallait bien remarquer qu'il ne
s'agissait pas ici de changement de carrière, que c'était bien toujours *sur la
côte ou dans les carrières des environs de Boulogne* que devaient être pris les
moellons, ainsi que le prévoyait l'article 19 du bordereau et que, conséquemment, nos demandes n'avaient aucune espèce de fondement.

Ainsi, Messieurs, M. l'Ingénieur en chef prétend que par ces mots : *sur
la côte ou dans les environs de Boulogne*, et malgré que les renseignements
annexés au bordereau fixent la distance moyenne à deux kilomètres, nous
pouvons être tenus à exploiter toutes les carrières nécessaires, à quelque
distance qu'elles se trouvent, fût-ce même à 10, 15 ou 20 kilomètres de Boulogne!

Nous ne pensons pas, nous, qu'il soit possible d'interpréter ainsi les clauses
de notre contrat, et nous soutenons que, s'il est démontré que les lieux indiqués à notre marché ne produisent plus de matériaux de bonne qualité et
susceptibles d'être employés dans nos maçonneries, nous avons droit à un

supplément de prix pour le surcroît de dépenses que nous occasionne l'emploi de pierres d'une autre provenance, ainsi que l'a décidé le Conseil d'État (18 Décembre 1846).

Toutes ces considérations ont été présentées à M. l'Ingénieur en chef, dans une lettre que nous avons eu l'honneur de lui adresser, le 3 Septembre 1862 ; mais M. l'Ingénieur en chef a persévéré dans son opinion ci-dessus, ainsi qu'il l'a consigné dans celle qu'il a bien voulu nous écrire, le 3 Mars 1863, et dans laquelle il s'exprime ainsi :

« Suivant vous, les carrières des environs de Boulogne, dans un rayon de » 2 kilomètres, sont épuisées, et vous en concluez que la distance moyenne » des transports doit être augmentée.

» Dans mon opinion, au contraire, il n'est pas démontré que les carrières » de la plage et des environs de Boulogne, dans un rayon de 2 kilomètres, » soient épuisées, et, lors même que vous fourniriez la preuve du fait que » vous avancez, je ne pourrais en conclure avec vous qu'une indemnité vous » est due pour l'augmentation de la distance des transports, attendu qu'en » soumissionnant votre marché, vous avez accepté, à vos risques et périls, » le prix du bordereau basé sur une distance moyenne supposée devoir être » de 2 kilom. ; que cette distance soit plus faible ou plus grande, il n'y a pas à re- » venir sur la composition du prix du bordereau. Le cas serait fort différent, je » vous prie de le remarquer, si une carrière particulière avait été indiquée au » devis, et que cette carrière fût épuisée. Alors, sans aucun doute, vous auriez » droit à réclamer un nouveau prix pour les matériaux à extraire de la nou- » velle carrière qui vous serait désignée ; mais, tant que vous trouverez des » moellons *sur la plage ou aux environs de Boulogne*, l'Administration n'a » aucune modification à apporter au devis et, dès-lors, les prix du borde- » reau doivent rester invariables. »

Ces raisons, Messieurs, sont évidemment tout-à-fait inconciliables avec l'esprit et l'intention de notre marché ; d'autant plus, nous le répétons, que, par l'article 73 du devis, l'Administration s'était expressément réservé le droit de diminuer le prix du bordereau si elle parvenait à pouvoir désigner à l'entrepreneur des lieux d'extraction plus rapprochés que ceux qui avaient été prévus.

M. l'Ingénieur en chef a d'ailleurs senti lui-même combien son raisonnement était contraire aux dispositions de notre contrat ; aussi, a-t-il terminé sa lettre du 3 mars 1863 par le passage qui suit :

« Nous nous trouvons ici en présence, à la fois, d'une question de fait et
» d'une question de droit sur lesquelles je n'espère pas que nous puissions nous
» entendre. Ce sera donc le Conseil de Préfecture qui statuera, si vous jugez à
» propos de le saisir de votre réclamation. »

En conséquence, et en raison des motifs que nous avons exposés ci-dessus
et que nous maintenons entièrement, nous demandons aujourd'hui au Conseil de Préfecture ce que nous avons vainement demandé à l'Administration
elle-même, depuis le 24 Avril 1862, savoir : 1° que l'Administration soit
tenue de constater contradictoirement avec nous, ou à dire d'experts, qu'il
y a disette complète de matériaux sans bousins, c'est-à-dire ayant les qualités prescrites au devis pour les maçonneries ordinaires de notre entreprise,
dans le rayon de 2 kilom. en moyenne indiqué dans notre contrat; 2° que
l'Administration soit tenue de nous indiquer elle-même les lieux où elle en-
tend que nous prenions désormais ces matériaux; 3° que les prix, tant des
matériaux de l'espèce restant à approvisionner, que de ceux que nous avons
fournis depuis le 21 Avril 1862, soient réglés conformément aux dispositions
de l'article 9 des clauses et conditions générales.

9° CHEF. — *Transports des déblais de l'écluse ; erreur matérielle commise dans le décompte de l'exercice 1861, à l'article de ces transports.*

Aux termes du droit commun, il doit toujours être procédé à la révision
et à la correction d'un compte lorsqu'il est prouvé qu'il y existe des erreurs,
omissions, faux ou doubles emplois (Code de Procédure civile, article 541).

Sur ce point, la jurisprudence administrative est entièrement d'accord avec
le droit commun.

En effet, le 23 Février 1853 (Nougaret), le Conseil d'État a décidé que les
erreurs matérielles reconnues dans les quantités d'ouvrages portées dans un
décompte, dressé par l'Administration et accepté par l'entrepreneur, doivent
être rectifiées.

Or, les omissions dans un décompte constituent évidemment des erreurs
matérielles, aux termes de la jurisprudence du Conseil d'État, puisqu'il a
décidé, le 24 Février 1853 (Cressonnier), que l'acceptation sans réserve, par
un entrepreneur, du décompte de son entreprise, ne peut faire obstacle à

ce qu'il réclame ultérieurement le paiement de travaux qui n'étaient pas compris dans ce décompte.

Enfin, la déchéance n'est pas applicable aux réclamations pour erreurs matérielles. Les arrêts du Conseil d'État des 17 Janvier 1838 (Jacob), 1er Février 1851 (Moneron), 26 Juillet 1851 (Emery), etc., prouvent même que c'est là un principe qui ne souffre aucune exception quelconque.

Partant de ce principe, et ayant reconnu que le décompte qui avait été soumis à notre acceptation, à la fin de la campagne 1861, contenait les erreurs matérielles dont nous allons parler ci-dessous, erreurs matérielles qui subsistent toujours, malgré nos observations, nous avons écrit à M. l'Ingénieur en chef, le 3 Septembre 1862, pour en solliciter la rectification.

Nous nous exprimions ainsi :

« Vous savez mieux que personne, Monsieur l'Ingénieur en chef, comment
» ont été exécutés les déblais de l'écluse ; vous n'ignorez donc pas que lors-
» que ces déblais eurent atteint une faible profondeur, il a nécessairement
» fallu les réunir tous en un seul point correspondant au milieu de l'écluse,
» vis-à-vis de la machine à épuiser, soit au moyen de brouettes, soit au
» moyen de wagons, pour, de là, les monter verticalement sur le bord de
» l'écluse, puis les reprendre en cet endroit et les transporter ensuite, par
» chemin de fer, savoir : une faible partie, dans les combes qui séparent les
» chaînes de dunes du rivage, et, la masse, sur les dunes elles-mêmes, entre
» le port et Châtillon.

» Or (par une omission qui constitue évidemment une erreur matérielle),
» il ne nous a encore été compté jusqu'à ce jour que la fouille et le charge-
» ment des déblais (prix nos 13 et 14 du bordereau) ; puis le transport desdits
» déblais, depuis l'écluse jusque dans les combes ou sur les dunes ci-dessus
» y compris déchargement et régalage (prix n° 3 du bordereau).

» Mais, quant à la reprise et au chargement de ces mêmes déblais (prix
» nos 13 et 14 du bordereau), ils ne nous ont point été comptés ; et quant
» aux transports faits dans l'intérieur de l'écluse, transports qui ont été pré-
» vus à la brouette par le devis et par le bordereau lui-même (prix nos 5 et 6)
» il ne nous en a également été tenu aucun compte.

» Nous demandons, en conséquence, que les transports effectués dans
» l'intérieur de l'écluse, tels qu'ils sont prévus à l'article 45 du devis et à
» l'article des renseignements annexés au bordereau intitulé : *Analyse des*

» *prix*, et au bordereau lui-même (prix n°ˢ 5 et 6), soient rétablis dans nos
» décomptes passés et compris dans ceux à venir.

» En un mot, nous demandons que les déblais de l'écluse et les transports
» de ces déblais nous soient comptés comme suit, savoir :

» 1° *Au-dessus des marées moyennes,* c'est-à-dire , jusqu'à la cote 14ᵐ 62ᶜ
» placés à 3ᵐ en contrebas du niveau du terrain naturel :

» Fouille et chargement en brouettes, à 0ᶠ 21 le mètre cube (prix n° 13
» du bordereau).. . . . . 0ᶠ 210

» Transport en brouettes à une distance moyenne horizontale
» de 40ᵐ augmentée de 6 fois la hauteur de la fouille, ci 18ᵐ = 58ᵐ
» à 0ᶠ 230 le mètre cube (prix n° 5 du bordereau). 0 230

» Reprise et chargement en wagons, à 0ᶠ 210 le mètre cube
» (prix n° 13 du bordereau) . . . . , . . . 0 210

» Transport en wagons sur chemin de fer, depuis l'écluse jus-
» qu'aux dunes et à la plage de Châtillon, déchargement et réga-
» lage, à 0ᶠ 935 le mètre cube (prix n° 3 du bordereau). 0 935

» Total. 1ᶠ 585

» Tandis que l'Administration ne compte que.. . . . . 1 145

» Différence à notre préjudice. . . 0ᶠ 440

» 2° *Au-dessous des marées moyennes,* c'est-à-dire au-dessous de la cote
» 14ᵐ 62ᶜ :

» Fouille et charge en brouettes, à 0ᶠ 290 le mètre cube (prix n° 4 du
» bordereau 0ᶠ 290

» Transport en brouettes à une distance moyenne horizontale
» de 40ᵐ augmentée de 6 fois la hauteur de la fouille, ci 49ᵐ 86,
» soit, en nombre rond, 90ᵐ, à 0ᶠ 408 le mètre cube (prix n° 6
» du bordereau) 0 408

» Reprise et chargement en wagons, à 0ᶠ 290 le mètre cube
» (prix n° 14 du bordereau). 0 290

A reporter. 0 988

$$\textit{Report.} \ldots \ldots \quad 0\ 988$$

» Transport en wagons, sur chemin de fer, depuis l'écluse jus-
» qu'aux dunes et à la plage, comme ci-dessus (prix n° 3 du bor-
» dereau). 0 935

$$\text{» Total.} \ldots \ldots \quad 1^{\text{f}}\ 923$$

» Tandis que l'Administration ne compte que. 1 225

$$\text{» Différence à notre préjudice.} \ldots \quad 0^{\text{f}}\ 698\ \text{»}$$

Nous avons donc réclamé, Messieurs, la rectification de l'erreur matérielle
que nous avons signalée, et que, dans ce but, il nous fût payé supplémen-
tairement, pour les déblais de l'écluse, par application des dispositions de l'article 45 du devis et de celles du bordereau dont les numéros viennent d'être
cités, 1°. . . . . 0^{f} 44

par mètre cube au-dessus de la cote 14^{m} 62, et 2° . . . . 0^{f} 698
par chaque mètre cube, au-dessous de cette même cote.

M. l'Ingénieur en chef a examiné ce chef de nos réclamations, et, le
3 Mars 1863, il a bien voulu nous faire connaître son avis, que nous allons
discuter ci-dessous :

1° *Il a fait remarquer que, du rapprochement de l'article 45 du devis avec
le n° 3 du bordereau (le seul qui s'appliquât aux transports en wagons sur chemin de fer), il ressortait pour lui qu'il n'y avait pas d'autre prix à appliquer
que celui du n° 3 dudit bordereau.*

Nous ne saurions être de cet avis.

M. l'Ingénieur n'arrive effectivement à cette conviction que parce qu'il
s'est borné à rapprocher du prix n° 3 du bordereau un fragment de l'article
45 du devis, celui relatif et spécial aux transports aux wagons.

Il fallait, au contraire, pour arriver à la vérité, raisonner sur l'ensemble
de cet article 45 du devis qui n'a eu pour but que de définir le *Mode d'exécution des ouvrages* et qui contient, pour ce qui concerne les transports, les
dispositions suivantes :

11

« Les transports auront lieu *à la brouette, en wagons roulant sur un che-*
» *min de fer et en bateaux.*

» Les transports à la brouette seront divisés en relais de trente mètres en
» plaine.

» Lorsque les déblais devront être transportés dans un lieu plus élevé que
» celui d'où ils proviendront, on tiendra compte à l'entrepreneur du transport
» de la manière suivante :

» On prendra, d'une part, la distance horizontale entre le centre de gra-
» vité des déblais et le centre de gravité des remblais, et on ajoutera à cette
» distance six fois la hauteur existant entre les deux centres de gravité. La
» somme de ces quantités, c'est-à-dire : d'une part, la distance horizontale
» entre les deux centres de gravité des déblais et des remblais, et d'autre
» part, six fois la différence de hauteur des centres de gravité, formera la
» longueur de parcours dont on tiendra compte à l'entrepreneur, comme si
» le transport avait eu lieu en plaine.

» Les déblais transportés en chemin de fer devront être, moyennant les
» prix portés au bordereau, conduits dans les combes qui séparent les
» chaînes de dunes du rivage, entre le port et Châtillon.

» Les déblais à transporter en mer seront déchargés à 500^m dans le nord
» de l'extrémité des jetées.

» Tous les frais de matériel *ad hoc* sont à la charge de l'entrepreneur. »

Or, des dispositions qui précèdent, rapprochées des prix n°s 3, 5, 6, 13 et
14 du bordereau, il résulte incontestablement que les transports des déblais
de l'écluse devaient être effectués : 1° à la brouette ; 2° en wagons ; et que
les fouilles et lesdits transports devaient nous être payés, par mètre cube,
comme ci-dessus. . . . . 1^f 585   et   1^f 923

suivant leur classification et leur nature, tandis qu'ils

n'ont été comptés qu'à raison de. 1 145   1 225

Différences comme ci-dessus. . . 0^f 440   et   0^f 698

En effet, il est de la dernière évidence que le mode d'exécution des
transports, prévu à l'article 45 du devis exclut absolument même l'idée que
les wagons pussent descendre directement dans les fouilles de l'écluse.

S'il avait pu en être ainsi, d'ailleurs, la distance verticale entre le plateau, ou sol naturel, et le fond des fouilles étant de 25ᵐ 22ᶜ, il aurait fallu, pour franchir cette distance avec des wagons, établir des rampes qui auraient nécessité d'énormes terrassements; puis ces terrassements nous auraient été comptés; enfin, ils auraient été nécessairement compris au détail estimatif.

Tandis que le détail estimatif ne comprend aucun terrassement pour l'établissement de ces rampes et que le devis et le bordereau des prix n'en font, eux-mêmes, aucune mention.

Les wagons ne devaient donc pas descendre directement dans les fouilles.

Au reste, s'il pouvait s'élever quelque doute à cet égard, ils seraient levés par cette considération que le devis, art. 45, divise les déblais de l'écluse en deux classes, en indiquant, pour le mode d'exécution de leurs transports, la brouette et le wagon, et que le bordereau assigne deux prix distincts pour le transport en brouette, selon la classe: les prix nᵒ 5 et 6; puis, un prix unique pour le transport en wagons, quelle que soit la classe, *depuis l'écluse jusqu'aux dunes*: le prix nᵒ 3.

Enfin, ce qui le prouve encore, ce sont les prix nᵒ 13 et 14 du bordereau qui indiquent formellement que les fouilles devront être *reprises et chargées en brouettes, tombereaux ou wagons*, et qui appliquent à ces reprises et charges des prix distincts, selon la classe.

Les fouilles ne pouvaient évidemment être reprises et chargées qu'à la condition d'avoir été préalablement déposées, à la brouette, sur un point quelconque du plateau, ou sol naturel, au bord des fouilles de l'écluse.

Cela est si vrai que le devis, article 45, a déterminé, lui-même, le calcul à faire pour que les entrepreneurs fussent convenablement rémunérés des transports, lorsque les déblais devraient être portés dans un lieu plus élevé que celui de leur provenance, et que ce calcul, d'après MM. les Ingénieurs eux-mêmes, ne s'applique qu'au transport à la brouette.

Enfin, Messieurs, il semble de la dernière évidence que si les reprises et charge dont il s'agit n'avaient pas dû être faites, autrement dit : que si le devis avait prévu que les wagons descendraient directement dans les fouilles, le bordereau n'aurait point fait mention desdites reprises et charge, et sur—

tout, ne leur aurait point affecté les prix distincts par classe, n° 13 et 14, dont il vient d'être parlé ci-dessus.

Il est même certain que, si les wagons avaient dû descendre directement dans les fouilles, l'auteur du projet, pour être conséquent avec lui-même, puisqu'il reconnaissait que les transports exigeaient deux prix, selon la classe de déblais, prix n° 5 et 6 du bordereau, n'aurait pu s'empêcher de composer également deux prix pour les transports en wagons, l'un applicable à la première classe, l'autre applicable à la seconde, prix qui auraient tenu compte de la différence de hauteur à franchir.

Or, il serait facile d'établir, au moyen de la formule générale en usage dans les ponts et chaussées, pour fixer le prix des transports en wagons, et de la distance à parcourir *depuis l'écluse jusqu'aux combes des dunes*, que le prix n° 3 du bordereau ne tient absolument compte que de cette distance réelle mesurée horizontalement.

Le bordereau des prix est donc parfaitement d'accord avec le devis, article 45, pour établir que les wagons ne devaient pas descendre directement dans les fouilles de l'écluse.

On ne doit pas oublier, d'ailleurs, que cet article du devis stipule formellement que *les transports auront lieu en brouette, en wagon roulant sur chemin de fer et en bateau*, et que ce dernier mode de transport, ne s'appliquant qu'aux fouilles du mur de quai, il reste évidemment les deux autres pour le transport des fouilles de l'écluse.

2° *M. l'Ingénieur en chef a soutenu que le détail estimatif de notre entreprise qu'il a dû consulter le confirmait entièrement dans son opinion.*

Nous venons d'établir qu'il ne saurait en être ainsi.

Nous ferons d'ailleurs remarquer que le détail estimatif est une pièce qui ne sert qu'à faire connaître l'évaluation générale de la dépense qui, dans l'espèce, s'élevait à la somme de 1,642,105ᶠ 56ᶜ à laquelle il avait été ajouté une somme à valoir de 274,394ᶠ 44ᶜ pour couvrir toutes *les imprévisions*.

L'auteur du projet reconnaissait donc, lui-même, dès le principe, que son évaluation pouvait contenir des omissions, autrement dit : des *imprévisions*, et des imprévisions très-nombreuses si on tient compte du chiffre énorme réservé pour les couvrir.

Enfin, il est établi par la jurisprudence que le détail estimatif, comme l'avant-métré, ne peut être invoqué comme prouvant les quantités d'ouvrages à exécuter, ni plus ni moins. 26 Mai 1842, (Planthié et Cavaillé.) 30 Juin 1839, (Bernard et Picard), etc., etc.

D'ailleurs, si le détail estimatif ne fait aucune mention des reprises qui ont été spécialement indiquées au bordereau des prix et qui devaient nécessairement être la conséquence du mode d'exécution prescrit par l'article 45 du devis, le détail estimatif ne fait point non plus mention de la quantité considérable de terrassements qui auraient été indispensables si le projet avait réellement prévu que les wagons descendraient directement dans les fouilles de l'écluse.

3° *M. l'Ingénieur en chef a ajouté, il est vrai, que si le détail estimatif n'avait pas compris les terrassements des rampes, on devait en conclure seulement que l'établissement de ces rampes rentrait dans les faux frais de l'entreprise.*

Nous croyons, nous, Messieurs, qu'à moins de méconnaître complètement la loi résultant du marché intervenu entre l'Administration et nous, cette conclusion est tout-à-fait impossible.

M. l'Ingénieur en chef ne la fonde d'ailleurs sur rien que ce soit, sur rien absolument.

Ce n'est donc, de sa part, qu'une simple allégation qui ne saurait supporter un sérieux examen.

En effet, en l'absence d'une convention ou d'une clause toute spéciale, les faux frais d'une entreprise n'ont jamais consisté dans l'exécution de terrassements importants devant nécessiter une dépense relativement très-considérable.

Or, dans l'espèce, cette clause spéciale n'a jamais existé. Enfin, les renseignements annexés au bordereau (article : Transports, paragraphe 3°) prouveraient à eux seuls, au besoin, que le prix n° 3 dudit bordereau n'a jamais pu comprendre l'exécution des terrassements dont il s'agit.

L'article 45 du devis démontre ensuite, aussi péremptoirement que possible, que l'allégation de M. l'Ingénieur en chef n'a aucune raison d'être, puisque cet article stipule exactement le calcul à faire pour déterminer, suivant la classe des déblais, le prix des transports ascensionnels.

4° *M. l'Ingénieur en chef a encore exposé, à l'appui de son opinion, qu'en fait, nous n'avions point monté nos déblais, à l'aide de brouettes, sur le terre-plein de l'écluse; que nos wagons avaient été chargés directement dans les fouilles pour, ensuite, être hissés sur le dit terre-plein à l'aide d'une machine élévatoire verticale et, enfin, transportés de ce point aux dunes, par une autre machine placée à leur sommet. Il a même ajouté que l'Administration n'avait point à prendre la responsabilité des dispositions par nous adoptées.*

Nous n'avons jamais demandé, Messieurs, que l'Administration fût tenue de demeurer responsable des dispositions que nous avons cru devoir prendre pour assurer la bonne et entière exécution de nos travaux. Nous n'avons demandé qu'une chose et nous la demandons encore, à savoir : *l'entière exécution du contrat, en ce qui concerne l'exécution des déblais de l'écluse.*

Nos connaissances pratiques des travaux, jointes aux ressources de notre industrie et au droit incontestable que nous avions d'installer nos chantiers au mieux de nos intérêts, pourvu que ceux de l'Administration fussent entièrement respectés et sauvegardés, nous ont conduit, nous ne pouvons le méconnaître, à effectuer nos transports à l'aide de locomobiles, comme le dit M. l'Ingénieur en chef.

Ainsi, Messieurs, nous avons posé, déposé et reposé, autant de fois qu'il a été nécessaire, sur toute la superficie du plafond des fouilles de l'écluse, de nombreuses voies ferrées la sillonnant dans toutes les directions et venant toutes aboutir sur l'un des côtés desdites fouilles juste au-dessous d'un point du plateau naturel sur lequel nous avions établi une locomobile.

Le service de cette locomobile a été d'élever verticalement les déblais des fouilles depuis le fond des dites fouilles jusque sur le plateau naturel, c'est-à-dire : jusque sur le point où ils devaient être repris et chargés en wagons, d'après l'article 45 du devis et les n°s 13 et 14 du bordereau, pour être ensuite transportés en wagons, depuis l'écluse jusqu'aux combes des dunes, d'après le même article 45 du devis et le n° 3 du bordereau.

Nos travaux, nos rails, nos wagons et cette première locomobile ont donc remplacé les brouettes qui avaient seules été prévues par le devis et le bordereau.

C'était évidemment notre droit.

Mais, l'usage de ce droit peut-il dispenser l'Administration de nous tenir compte de l'exécution de cette partie du travail de notre entreprise tout comme si nous l'avions réellement effectuée en nous conformant, en tous points, aux prévisions du marché ? Nous ne le pensons pas.

Nous pensons, au contraire, que malgré que nous ayons changé le mode d'exécution indiqué au contrat pour ces travaux, cette partie de nos ouvrages n'en doit pas moins nous être comptée suivant les dispositions de l'article 45 du devis combinées avec les prix n° 5 et 6 du bordereau.

L'Administration ne veut, nonobstant, nous payer que le transport *depuis l'écluse jusqu'aux combes existant entre les dunes*, prix auquel elle ajoute celui de la fouille, comme si nous avions exécuté nos déblais sur le plateau lui-même.

En présence de ce qui précède, il nous est impossible d'admettre que notre contrat puisse recevoir et cette interprétation et cette application.

En effet, nous le répétons encore, l'article 45 du devis prévoit d'abord deux classes de déblais : la première comprenant ceux à exécuter au-dessus de la cote des marées moyennes (14^m 62^c), la seconde, comprenant ceux à exécuter au-dessous de ces marées. Ensuite, il indique formellement que ces deux classes de déblais, en ce qui concerne l'écluse, seront transportées *à la brouette et en wagons roulant sur chemin de fer*. Il stipule, en outre, que les transports ascensionnels seront exclusivement effectués à la brouette, et il indique même le calcul à faire pour que ces transports soient légitimement rémunérés.

Enfin, le bordereau des prix, d'accord avec le devis, contient trois prix pour les transports : 1° le prix n° 5, pour le transport à la brouette des déblais de 1re classe ; 2° le prix n° 6, pour les transports également à la brouette des déblais de 2e classe ; 3° enfin, le prix n° 3, pour les transports, en wagons roulant sur chemin de fer, des déblais des deux classes indistinctement, depuis l'écluse jusqu'aux combes qui séparent les chaînes de dunes.

Rien ne semble plus clair et plus précis.

Les deux prix prévus au bordereau pour chaque classe des déblais de l'écluse excluent donc, à eux seuls, toute pensée que les wagons devaient descendre directement au fond des fouilles. Dans ce cas, en effet, le prix des transports en wagons n'aurait pas été unique. Il y aurait eu nécessairement deux prix, un pour chaque classe, et, de plus, le devis aurait fait connaître le calcul à faire pour tenir compte aux entrepreneurs de la hauteur verticale qui devait être franchie.

Il est donc évident que si le devis n'a indiqué ce calcul que pour les transports en brouettes, c'était parce que les transports ascensionnels devaient exclusivement être exécutés au moyen de brouettes.

CONCLUSIONS.

En conséquence de ce qui précède,

Vu la loi du 28 Pluviôse an VIII ;

Vu les clauses et conditions générales du 25 Août 1833 ;

Vu le procès-verbal d'adjudication du 10 septembre 1859 et les pièces du projet qui ont servi de base à cette adjudication, notamment le devis et le bordereau des prix ;

Sur le premier Chef,

Considérant que le devis, article 46, prescrivait l'usage exclusif de la brouette pour le transport des remblais du mur de quai ; qu'il disposait, en outre, que ce ne serait que dans le cas où l'Administration modifierait le mode de transport prévu au devis, qu'un nouveau prix serait fixé, par application de l'article 22 des clauses et conditions générales ;

Considérant que l'Administration n'a point modifié le seul mode de transport prévu à l'article 46 du devis ;

Qu'il y a lieu, dès-lors, de se conformer strictement aux prescriptions dudit devis pour le règlement du prix des transports des remblais du mur de quai, et ce, bien que les entrepreneurs aient, à leurs risques et périls, exécuté ces transports avec des tombereaux attelés de deux chevaux ;

Sur le deuxième Chef,

Considérant que, dans les marchés de travaux publics, les entrepreneurs doivent toujours être payés des quantités d'ouvrages qu'ils ont réellemest exécutés, quelles que soient les quantités prévues à l'avant-métré et au détail estimatif;

Considérant, en outre, que dans l'espèce, il n'est pas nié par l'Administration elle-même que les apports de la mer ont sensiblement augmenté, à chaque retour du flot, le cube des fouilles de fondations du mur de quai qui ne pouvaient être exécutées que durant chaque marée;

Que l'enlèvement de chacun de ces apports de la mer a évidemment constitué un travail supplémentaire qui n'avait point été prévu, ni à l'avant-métré, ni au détail estimatif, mais qui n'en doit pas moins être payé aux entrepreneurs, aux termes de l'article 22 des clauses et conditions générales;

Que le détail estimatif contient d'ailleurs, pour couvrir les dépenses à résulter des travaux imprévus, une somme à valoir de 70,420^f 28^c;

Mais, considérant que l'Administration et les entrepreneurs n'ont pu se mettre d'accord, ni sur les cubes de ces apports journaliers, ni sur le prix à y appliquer et que, d'un autre côté, et malgré les demandes réitérées desdits entrepreneurs, soit verbales, soit écrites, il n'a été procédé contradictoirement qu'à des expériences partielles que l'Administration déclare être insuffisantes pour permettre d'établir, d'une manière certaine, les droits respectifs des parties,

Que c'est le cas, conséquemment, de recourir à une expertise qui puisse éclairer la religion des juges;

Sur le troisième Chef,

Considérant que le devis et le bordereau des prix indiquaient expressément que les déblais provenant des fouilles du mur de quai seraient chargés directement dans les barques; mais que cette charge directe ne pouvait réellement être effectuée qu'à la condition de l'enlèvement préalable d'une portion des ensablements du chenal du port;

Que c'est ainsi que l'on a opéré dans le principe, comme le reconnaît l'Administration elle-même;

Que, cependant, quelque temps après, celle-ci a réduit la largeur des fouilles à des dimensions telles, que les ensablements du chenal du port n'étant plus enlevés, ne permettaient plus l'approche des barques, à la marée, d'où il est nécessairement résulté que, postérieurement au 22 Avril 1861, les

12

chargements directs dans les barques n'ont pu être continués et qu'il a fallu y suppléer au moyen d'une reprise, d'un chargement en brouette et d'un roulage également à la brouette ;

Considérant que ce travail supplémentaire n'était pas prévu au devis ; que les entrepreneurs ont immédiatement réclamé contre cette aggravation de leurs charges, et qu'aux termes des articles 7 et 22 des clauses et conditions générales, il doit leur être tenu compte des ouvrages imprévus qui sont la conséquence des ordres donnés par MM. les Ingénieurs en cours d'exécution des travaux ;

Mais considérant que l'Administration et les entrepreneurs ne sont pas d'accord sur le prix à affecter audit travail supplémentaire ;

Qu'il y a donc également lieu de recourir à une expertise ;

Sur le quatrième Chef,

Considérant qu'aux termes de l'article 71 du devis, tous les épuisements devaient être effectués par l'Administration ;

Que les prix du bordereau qui a servi de base à l'adjudication, ont été supputés dans la conviction que les prévisions de cet article 71 du devis seraient pleinement exécutées ;

Qu'il résulte, au contraire, des aveux de MM. les Ingénieurs eux-mêmes, que le travail des épuisements a beaucoup laissé à désirer ; qu'il appert effectivement de l'état contradictoire dressé du 19 Novembre au 28 Décembre 1861 que les entrepreneurs ont perdu moyennement, à chaque marée, 1^h 37^m sur sa durée moyenne qui était de 2^h 58^m ;

Considérant que cette perte de temps imposée forcément aux ouvriers des entrepreneurs, pendant le travail de chaque marée, par le fait de l'Administration, a causé auxdits entrepreneurs un préjudice réel ; que, dès le premier jour, ce préjudice a motivé, de leur part, de nombreuses réclamations qu'ils n'ont cessé de renouveler depuis ; qu'ils sont, conséquemment, parfaitement fondés à en demander la juste et légitime réparation ;

Mais considérant que les parties n'ont pu s'entendre sur l'étendue et l'appréciation de ce préjudice ;

Que, dès-lors, c'est encore le cas de recourir à une expertise ;

Sur le cinquième Chef,

(*a*) Considérant qu'il résulte, sans contredit, de la jurisprudence constante du Conseil d'État que l'Administration n'a aucunement le droit de charger un autre que l'adjudicataire de l'exécution de travaux compris dans son marché, et que, dans ce cas, l'adjudicataire doit être indemnisé de tout le bénéfice dont il a été ainsi privé ;

Considérant que, dans le cas dont il s'agit, les ouvrages distraits de l'entreprise se sont élevés à la somme de 13,356ᶠ 15ᶜ, et qu'il n'y a aucune exagération à déclarer que les entrepreneurs auraient pu réaliser sur ces travaux un bénéfice de 10 p. 100, soit une somme de. 1,335ᶠ 61ᶜ

(*b*) Considérant, en outre, que les remblais indûment distraits de l'entreprise des réclamants n'ont point été exécutés suivant les prescriptions du devis de cette entreprise, article 46, et qu'il est démontré qu'il en est résulté pour enx, dans la construction du mur de quai, des frais de bardages et d'échafaudages, ainsi que des sujétions et fausses manœuvres qui ne devaient point être à leur charge, d'après le même article 46 du devis combiné avec les nᵒˢ 78 et 83 du bordereau des prix et avec les renseignements qui ont servⁱ de base audit bordereau ;

Qu'il doit, conséquemment, leur être tenu compte de cette aggravation de charges ;

Considérant, toutefois, que l'Administration soutient que la demande d'un prix supplémentaire de 3ᶠ par chaque mètre cube de maçonnerie, formulée par les entrepreneurs est entachée, d'une véritable exagération, tandis que ceux-ci prétendent, au contraire, que le prix supplémentaire demandé par eux est réellement au-dessous de la dépense faite;

Que, dès-lors, il y a lieu de prescrire, sur ce point, une expertise qui vienne établir la vérité ;

Sur le sixième Chef.

Considérant qu'il résulte clairement des dispositions du devis, articles 5, 21, 45 et 50, ainsi que de celles du bordereau des prix nᵒˢ 5, 6, 7, 8, 9, 10, 11, 12, 13, 14 et 51, que les déblais de l'entreprise étaient divisés en trois catégories distinctes :

La première, comprenant les déblais à exécuter au-dessus du niveau moyen de la mer, coté 14ᵐ 62ᶜ ;

La seconde, comprenant tous les déblais à exécuter entre cette cote et celle 10ᵐ 68,

La troisième, comprenant tous les déblais à exécuter au-dessous de cette dernière cote ;

Qu'il n'a été fait qu'une seule exception à cette règle générale par l'article 5 du devis, et que le bordereau des prix contient réellement, aux numéros ci-dessus indiqués, des prix applicables à chacune desdites catégories ;

Considérant que le devis et le bordereau des prix sont les pièces qui forment la loi des parties, puisque c'est sur ces mêmes pièces que les entrepreneurs ont calculé et établi le rabais de leur adjudication ; qu'il ne résulte point d'ailleurs desdites pièces que l'Administration était libre de modifier, en cours d'œuvre, la classification ci-dessus selon la hauteur à laquelle MM. les Ingénieurs fixeraient, dans l'intérêt des travaux, le niveau du battage des pieux et palplanches ;

Que, dès-lors, les hauteurs désignées au devis pour déterminer les trois catégories de déblais prévus doivent rester invariables, quel qu'ait pu être le niveau arrêté par MM. les Ingénieurs pour le battage desdits pieux et palplanches ;

Que, dans tous les cas, l'Administration ne saurait être admise à créer aujourd'hui, comme elle en a manifesté l'intention, entre les 2ᵉ et 3ᵉ catégories de déblais prévus, une 4ᵉ catégorie de déblais que le devis a nécessairement compris dans la 3ᵉ, et affecter à cette 4ᵉ catégorie de déblais un prix nouveau, contrairement au devis et au bordereau ;

Qu'aucune disposition du devis et des clauses et conditions générales ne saurait d'ailleurs autoriser l'établissement de ce nouveau prix ; d'abord, parce que les déblais auxquels on veut l'appliquer sont réellement compris dans ceux de la 3ᵉ catégorie (article 50 du devis), pour lesquels un prix figure au bordereau (le prix n° 51), ensuite, parce qu'il est impossible de soutenir que cette couche de déblais puisse être considérée comme constituant un travail imprévu au devis ;

Considérant enfin que rien, dans ledit devis, ne vient établir que la classification des déblais était subordonnée à l'existence des pieux et palplanches,

et que lesdits déblais seraient comptés aux entrepreneurs à des prix diffé-
rents selon qu'ils seraient effectués par eux avant ou après le battage desdits
pieux et palplanches ;

Qu'ainsi rien ne vient modifier les catégories de déblais prévus au devis
ni les prix affectés à chacune de ces catégories par le bordereau des prix ;

Sur le septième Chef,

Considérant qu'en matière de travaux publics, le procès-verbal d'adjudication, le devis et le bordereau des prix sont la loi qui régit les parties contractantes, et que, dès-lors, ces trois pièces doivent nécessairement s'interpréter l'une par l'autre ;

Considérant que, dans l'espèce, le devis est resté muet sur les quantités de
mortier à employer dans les maçonneries ordinaires et dans celles en moellons smillés ; mais que le bordereau des prix a suppléé au silence du devis,
en indiquant que le cube du mortier devait être de $0^m 33^c$, pour le mètre cube
de maçonnerie ordinaire et de $0^m 30^c$, pour le mètre cube de maçonnerie en
moellons smillés (n°s 83 et 78 du bordereau), et que, d'un autre côté, le
procès-verbal d'adjudication a formellement stipulé que toutes les matières à
employer dans l'entreprise seraient dosées au volume ;

Considérant que les entrepreneurs ont voulu, dès le principe, se conformer strictement à ces dispositions de leur marché, mais que MM. les Ingénieurs s'y sont opposés, sous prétexte de vouloir assurer l'exécution des
maçonneries suivant le mode prescrit par les dispositions des articles 57 et 58
du devis ;

Qu'alors les entrepreneurs ont sollicité des expériences contradictoires tendant à établir que les exigences des Ingénieurs, au-delà des prévisions de
leur marché, les constituaient dans l'obligation d'employer $0^m 43^c$ cubes de
mortier dans chaque mètre cube de maçonnerie ordinaire et $0^m 39^c$ cubes dans
chaque mètre cube de maçonnerie en moellons smillés, mais que ces expériences leur ont constamment été refusées ;

Considérant, ensuite, que toutes les fois que le devis dont s'agit s'est ca-
tégoriquement expliqué sur les dimensions des fournitures et sur les éléments
devant entrer dans la composition des ouvrages, il y a toujours parfaite concordance entre les données du susdit devis et celles du bordereau des prix,

ainsi que le démontrent clairement : 1° l'article 13 du devis rapproché des numéros 35, 36, 37, 38, 39, 40, 41, 42, 43, 44, 45, 46 et 47 du bordereau, 2° l'article 28 du devis rapproché des numéros 15 et 16 du bordereau ; 3° l'article 41 du devis rapproché du numéro 31 du bordereau, etc., etc.; et que l'on doit nécessairement en induire que si les articles 57 et 58 du devis s'étaient expliqués sur les quantités de matériaux devant entrer dans la composition des maçonneries ordinaires et de moellons smillés, ces explications auraient nécessairement été en parfaite concordance, sur ce point, avec les données résultant du bordereau des prix ;

Considérant, enfin, que si la soumission des entrepreneurs a porté sur chacun des prix de ce bordereau, et si, par suite, il leur est interdit de discuter les renseignements qui y sont annexés, autrement dit : l'analyse de ces prix, cette interdiction ne saurait s'appliquer au cas où, comme dans l'espèce, le procès-verbal d'adjudication et le bordereau lui-même avaient formellement garanti auxdits entrepreneurs que des éléments déterminés entreraient dans la composition des maçonneries ordinaires et de celles en moellons smillés.

Considérant toutefois, que l'Administration conteste les quantités supplémentaires de mortier accusées par les entrepreneurs, qu'elle soutient même que des maçonneries faites avec plus de soin et de temps, ainsi qu'avec de meilleurs ouvriers, prouveraient l'exagération de ces quantités; que ces maçonneries sont encore aujourd'hui en cours d'exécution; que rien ne s'oppose dès-lors aux expériences réclamées par les entrepreneurs, et qu'il est même indispensable de les ordonner à l'effet d'arriver à la vérité ;

Sur le huitième Chef,

Considérant que l'article 9 des clauses et conditions générales dispose que : « si, pendant le cours de l'entreprise, il est reconnu indispensable de prescrire » à l'entrepreneur d'extraire des matériaux dans des lieux autres que ceux qui » auraient été prévus au devis, les ingénieurs établiront de nouveaux prix » d'extraction et de transport d'après les éléments de l'adjudication. »

Considérant, dès-lors, qu'un entrepreneur est fondé à demander un supplément de prix à raison de l'exploitation de carrières autres que celles prévues au marché lorsqu'il justifie avoir provoqué auprès de l'Administration, la constatation de l'insuffisance de celles prévues audit marché ;

Que, dans l'espèce, les entrepreneurs, qui ont vainement sollicité cette constatation depuis le 21 Avril 1862, ne sauraient demeurer responsables des refus qu'ils ont continuellement essuyés s'ils peuvent prouver la vérité de leurs allégations ; qu'autrement, les dispositions ci-dessus relatées des clauses et conditions générales ne seraient qu'un non-sens ou une lettre morte, puisque l'Administration pourrait ainsi se soustraire à leur exécution toutes les fois qu'elle le jugerait utile à ses intérêts, ce qui est inadmissible ;

Considérant, d'ailleurs, que le n° 19 du bordereau indique expressément, pour lieux de provenance des matériaux dont il s'agit, *la côte ou les carrières des environs de Boulogne* et que les mots *des environs de Boulogne* excluent nécessairement, à eux seuls, la désignation de toute distance qui excéderait une moyenne de 2000 mètres ;

Considérant toutefois, que l'Administration soutient qu'il ne lui est pas démontré que les carrières existant dans ce rayon de 2000^m en moyenne, soient réellement épuisées; que c'est dès-lors le cas de faire procéder à la constatation du fait allégué par les entrepreneurs ;

Sur le neuvième et dernier chef,

Considérant que l'article 45 du devis dispose formellement que : *lorsque les déblais devront être transportés dans un lieu plus élevé que celui d'où ils proviendront, on tiendra compte à l'entrepreneur des transports de la manière qui y est ensuite indiquée ;*

Considérant que les déblais de l'écluse à sas dont les fouilles devaient atteindre une profondeur de 25^m 22^c au-dessous du plateau naturel, ainsi que le reconnaît M. l'Ingénieur lui-même dans sa lettre aux entrepreneurs en date du 3 Mars 1863, étaient les seuls de l'entreprise qui se trouvassent dans le cas de recevoir l'application des dispositions de cet article; d'où il résulte nécessairement que ces mêmes dispositions n'ont été édictées au devis que pour assurer la légitime rémunération des transports en rampes que les déblais de l'écluse à sas devaient nécessiter ;

Considérant, en outre, que ces transports en rampes devaient, aux termes du même article 45 du devis, être exécutés à la brouette, puisque, d'une part, les transports en barques avaient été spécialement prévus et indiqués pour la totalité des déblais à provenir des fouilles des fondations du mur de quai et que, d'autre part, les transports en wagons, toujours d'après le même article 45 du devis, devaient être effectués dans les combes des dunes

moyennant le prix unique porté au n° 3 du bordereau, c'est-à-dire, moyen-nant un prix qui ne tient aucun compte des rampes qui devaient être fran-chies, à la brouette, pour effectuer l'ascension des déblais de l'écluse ;

Que, conséquemment, les entrepreneurs sont fondés à demander le paie-ment des transports en rampe qu'ils ont nécessairement exécutés pour les fouilles de ladite écluse, et ce, aux prix du bordereau n° 5 et 6, et en tenant compte des éléments d'estimation prévus par l'article 45 du devis pour les transports de l'espèce ;

Considérant que si les entrepreneurs n'ont point réalisé ces transports en rampes à l'aide de brouette, comme le prévoyait le marché, ils ne doi-vent pas moins leur être comptés d'après les prix prévus audit marché, sui-vant leur classe, attendu que c'est à leur risques et périls et au vu et au su de l'Administration qu'ils ont modifié le mode d'exécution indiqué au proje$_t$ et qu'ils n'ont pu d'ailleurs obtenir cette modification sans être tenu à des dépenses élevées pour l'acquisition de traverses, de rails, de wagons, de chevaux et d'une locomobile ;

Considérant, enfin, que la fin de non-recevoir que l'Administration a op-posée à ce chef de leurs réclamations, et qui est tirée de ce qu'ils auraient accepté sans réserve sur ce point leur décompte de la campagne 1861, n'est aucunement recevable par le motif que l'omission dans ledit décompte des transports à la brouette et de leurs prix a constitué une erreur matérielle dont la rectification ne saurait être refusée ;

Nous osons espérer, Messieurs, qu'il plaira au Conseil de Préfecture déci-der :

1° Que les 4,844^m 24^c cubes de remblais provenant des fouilles de l'écluse que nous avons exécutés derrière le mur du quai Bonaparte, nous seront comptés pour reprise, transport à la brouette et jet de pelle à raison de. . . . . 3^f 677^c

l'un (prix n° 5 et 13 du bordereau, dont il faut déduire le prix de . . . . 1^f 145^c

qui nous a été compté au décompte des travaux de l'écluse.
_____

soit, à raison de . . . . 2^f 532^c

l'un, ce qui produit une somme de douze mille deux cent cin-quante cinq francs quatre-vingt-treize centimes, ci . . . . . . 12,255^f 93^c

2° Qu'il sera procédé contradictoirement à dire d'experts, avant de faire droit, au règlement des quantités de sable vaseux qui ont été successivement et périodiquement apportés par la mer dans les fouilles des fondations du mur de quai et des prix à y appliquer d'après ceux de l'adjudication, par assimilation aux ouvrages les plus analogues et que lesdits experts pourront, à l'effet de l'accomplissement de leur mission recueillir tous les renseignements qu'ils croiront utiles à la manifestation de la vérité et se servir des expériences contradictoires qui ont déjà été faites dans le même but.

3° Qu'il sera également procédé contradictoirement et à dire d'experts au règlement des quantités de déblais provenant des fouilles des fondations du mur de quai qui n'ont pu être chargées directement dans les barques par le fait des ordres de l'Administration et à celui du prix à appliquer, d'après les éléments de l'adjudication, à la reprise, à la charge et au transport en brouette qui ont dû être exécutés pour le chargement desdites barques.

4° Qu'il sera aussi procédé de la même manière à l'estimation du préjudice qui nous a été causé par suite de l'insuffisance des moyens d'épuisements que l'Administration a persisté à employer aux fouilles du mur du quai Bonaparte malgré nos réclamations, soit au moyen des renseignements déjà recueillis contradictoirement, soit au moyen de tous autres renseignements à recueillir.

5° (A) Qu'il nous sera alloué une indemnité de treize cent trente-cinq francs soixante et un centimes, ci. . . . . 1,335 61ᶜ pour nous tenir compte du bénéfice que nous aurions réalisé sur l'exécution des remblais qui ont été indûment distraits de notre entreprise.

(B) Qu'il sera ensuite procédé, comme ci-dessus, à dire d'experts, à l'estimation de l'indemnité qui nous est due par suite de l'aggravation de nos charges résultant de ce que l'exécution des dits remblais n'a point été réalisée suivant les prescriptions de l'article 46 du devis.

6° Que les prix du bordereau affecté à chacune des catégories de déblais définies dans le susdit devis devront nous être appliqués strictement, lors du règlement de nos comptes, quelle que soit et quelle qu'ait pu être la hauteur à laquelle l'Administration a cru devoir fixer le niveau du battage des pieux et palplanches sur toutes les parties de notre entreprise.

7° Qu'il sera procédé contradictoirement et à dire d'experts à des expériences de nature à établir d'une manière certaine les quantités de mortier

13

qui entrent réellement dans les maçonneries ordinaires et dans celles en moellons smillés, ainsi qu'à leur évaluation d'après les éléments des prix de notre marché. Enfin, que les expériences dont s'agit devront être faites sous les yeux des experts, par un nombre de maçons qu'ils détermineront et qui seront choisis, moitié par l'Administration, moitié par les entrepreneurs.

8° Qu'il sera aussi procédé par la voie de l'expertise contradictoire aux constatations nécessaires pour reconnaître et établir si les carrières de la côte et des environs de Boulogne sont réellement épuisées des matériaux propres à la bonne exécution des travaux ; dans le cas de l'affirmative, à quelle date remonte cet épuisement et, enfin, à la fixation des nouveaux prix de transports d'après les éléments de notre adjudication.

9° Qu'il nous sera tenu compte des transports en rampe que nous avons exécutés pour l'enlèvement des déblais provenant des fouilles de l'écluse à sas, et ce, conformément aux dispositions de l'article 45 du devis combinées avec les prix n° 5 et 6 du bordereau, c'est-à-dire : en nous tenant compte des diverses classes de déblais.

Enfin, Messieurs, et sous la réserve expresse d'expliquer et d'étendre au besoin les présentes conclusions, nous osons espérer, qu'il plaira au Conseil de Préfecture ordonner :

Que les experts seront choisis : l'un, par l'Administration, l'autre par nous, et qu'il ne procéderont à l'accomplissement de leur mission qu'après avoir prêté, entre vos mains, le serment voulu par la loi, pour, ensuite, sur leur rapport étant produit, être statué par vous ce qu'il appartiendra en principal, intérêts et frais.

Ce sera justice.

Daignez agréer l'assurance des sentiments respectueux avec lesquels nous sommes,

       Messieurs,

           Vos très-humbles et obéissants serviteurs,

Pour moi et pour mes associés, MM. LESCA et PECCADEAU, en vertu de leurs procurations, en date des 17 Janvier 1863 et 22 Novembre 1859.

Bordeaux, rue Palais-Gallien, 82.

www.ingramcontent.com/pod-product-compliance
Lightning Source LLC
Chambersburg PA
CBHW071104210326
41519CB00020B/6151